공동체도시

이 도서의 국립중앙도서관 출판시도서목록(CIP)은 서지정보유통지원시스템 홈페이지(http://seoji.nl.go.kr)와 국가자료공동목록시스템(http://www.nl.go.kr/kolisnet)에서 이용하실 수 있습니다. (CIP제어번호 : CIP2014002507)

서울연구원 미래서울 연구총서 09

공동체도시

우미숙 지음

한울
아카데미

차례

서문

아파트로 빼곡히 둘러싸인 신도시에서는 여름 저녁이면 이 집 저 집 불이 환히 켜지고 숟가락 떨그럭거리는 소리, 강아지 짖는 소리, 아이들 우는 소리, 이따금 거실을 뜀박질하며 괴성을 질러대는 남자아이의 소리가 아파트 벽에 부딪쳐 메아리처럼 울린다.

우리는 이처럼 사람들로 바글바글한 마을에서 현관문을 꼭 잠그고 낯선 사람이라도 집에 들어올까 걱정한다.

밖에서 아직 돌아오지 않은 아이들 걱정에 엄마들은 문밖을 서성이며 돌아올 아이를 초조하게 기다린다.

우리는 수많은 사람으로 둘러싸여 살아가지만 정작 다른 사람은 보지 못하고 오직 자신에게만 집중한다. 도시 생활이란 것이 대개 각자 어떤 이유가 있어 그곳에 머물고, 또 다른 이유가 생기면 언제든 그곳을 떠날 준비가 되어 있는 삶이라서 그런 것일까.

도시 사람들은 작은 울타리와 언제든 열 수 있도록 엉성하게 묶 이웃은 대문이 있는 시골집과 달리 무서운 철제문과 이중장으로 외부와 철저하게 단절된 집에서 산다. 그곳에서 사람들은 편리함과 안정감을 느낀다.

이렇듯 도시에서는 다른 사람과 함께 살아가는 것이 어색하기만 하다. 사는 집부터 시작해 일하는 공간이나 배우는 곳, 놀이하는 곳에서까지 혼자인 경우가 많다. 내 집에서 사람들과 먹을거리를 함께 만들어 먹고 이야기를 나누는 일이 특별한 일이 되어버렸다. 도시 사람들은 함께 거들어 일을 하기보다는 혼자 빨리 일을 해내는 것이 효율도 높고 타인의 인정도 받는다고 생각한다. 남과 일을 하는 것은 실속 없고 귀찮은 일이라는 생각이 지배적이다. 학교에서나 다른 배움터에서도 나의 실력을 키우고 재능을 발휘하는 것에만 관심이 많다. 놀이터는 어떠한가. 마을 아이들이 함께 소꿉장난하는 광경을 본 지 오래다. 대여섯 명의 남자아이들이 즐겨 하던 말 타기와 숨바꼭질은 전래놀이 선생님의 지휘가 있을 때만 하는 특별한 놀이가 되었다.

사람들은 이런 삶에 얼마나 만족할까.

한 사람의 힘으로 어찌할 수 없어 그대로 적응해 살지만 이런 도시 생활이 그리 정겹지는 않다. 재미난 구석이 없다. 한곳에서 오래 머물며 나이 들어가고 싶지만 여기저기 둘러봐도 엉덩이 붙이고 오랫동안 살고 싶은 곳이 보이지 않는다. 팔다리로 지탱하지 못

공동체도시

할 만큼 몸이 쇳덩이처럼 무거운 노년기는 어떻게 보낼지, 세상에서 떠날 때 외롭지 않게 갈 수 있을지 등 자신의 삶을 상상해보며 어떤 곳에서 어떤 사람들과 살아가야 할지 고민한다.

사람들은 사람에게서 답을 찾는다. 번거롭고 귀찮고 효율적이지 않다고 생각했던 사람들과의 관계에서 해답을 찾는다. 같은 일을 하는 사람들, 같은 관심을 가진 사람들, 가까운 거리에서 생활하는 사람들과 함께 살아가는 방법을 찾는 것이다.

공동체는 사람에 대한 생각의 변화에서 나타났다. 생활에 필요한 것을 함께 해결하는 생활협동공동체, 마을사람들이 마을의 일을 함께 돌보는 마을공동체, 에너지 문제를 함께 해결하는 에너지공동체, 돈을 벌고 일자리를 만드는 일공동체, 최근 몇 년간 활발하게 움직이는 온라인공동체 등이 나타나기 시작했다. 역설적이지만 공동체가 파괴되면서 등장한 도시에 다시 공동체가 나타나 생기를 불어넣는 것이다.

최근에는 서울시가 마을공동체 사업을 통해 서울이라는 거대도시에 사람 냄새 나는 마을을 만들고 있다. 이곳저곳에서 일거리를 함께 만들고, 품앗이로 아이들을 키우며, 작은 도서관을 만들어 운영하며, 건강한 먹을거리를 함께 만들어 나누는 사람들이 생겨나는 등 마을이라는 생활터전이 공동체의 산실이 되었다.

이처럼 공동체는 이 시대를 살아가는 사람들에게 삶의 행복을

사셔나주는 기워느다. 함께하는 불편함보다 혼자 살아가는 불편함이 더 크게 다가오기 시작했고 함께할 때의 삶의 만족도가 더 크다는 것을 직접 느끼기 시작했다.

서울이라는 도시에서 살아가는 사람들은 이제 공동체를 꿈꾸고 실제로 만들어가고 있다. 관이 주도해서 만드는 것이 아니라 삶의 터전에서 사람들이 함께 이루어낸다.

이런 공동체가 서울의 미래를 만들어낼 것이다.

사람은 서로 부대끼며 살아가는 존재라는 것을 깨닫고, 자율과 자치를 통해 사람 사이의 신뢰를 회복하고 상호부조를 이룰 것이며, 도시의 전형적인 의존형 생활 형태에서 탈피해 자립적 생활터전을 만들어가고 소비와 생산이 함께 이루어지는 도시로 나아가는 것이다.

이 책은 오늘날 서울이라는 거대 도시에서 사람과 사람 사이의 관계를 형성하는 것이 가장 절실한 과제라는 점에 초점을 맞추고 그 대안으로 공동체 도시의 미래상을 찾아보고자 한다. 사람들이 왜 혼자가 아닌 함께하는 삶을 선택하는지에 관해 다양한 공동체 사례를 들어 살펴보고, 그 안에서 공동체 도시로서의 서울의 모습을 그려보려고 한다.

1

도시 사람들에게 공동체란

　초등학교 3학년인 아들을 키우는 유미영 씨는 한살림 생명학교 교사로 2년째 재직 중이다. 이번 여름에도 농촌 생산지를 찾아가는 여름 생명학교를 다녀왔다. 작년에도 여름과 겨울 두 차례에 걸쳐 생명학교에 참여했는데, 갈 때마다 새로운 경험을 한다. 처음에는 아들의 체험학습을 위해 좋은 기회라는 생각에 아들과 함께 생명학교에 참여했다. 유미영 씨의 역할은 모둠교사였지만 자신의 아들이 속한 다른 모둠에 자꾸 눈길이 가고 신경이 쓰였다. 다치지는 않을까, 모둠활동을 잘 하고 있는지 기웃거리기도 했다. 밥 먹을 때는 옆에 가서 반찬도 챙겨주고 입도 닦아주며 아들을 돌보느라 힘이 더 들었다.

　1년이 지난 이번 생명학교에서는 자신의 달라진 모습을 느꼈다.

엄마가 아닌 다른 아이들의 교사로서, 또는 다른 아이들의 엄마로서 자신의 역할을 다했다. 나와 내 가족이 전부였던 첫 해의 생명학교 때와 달리 함께 힘을 모아야 훌륭하고 건강한 생명학교를 꾸릴 수 있다는 것, 그러자면 내 아들이 나의 아들이 아니라 우리의 아들이어야 한다는 것을 깨달았다.

유미영 씨는 한살림 조합원으로서 생명학교 활동을 하면서 가족에서뿐 아니라 사회에서의 자신의 존재가치를 느낄 수 있었다. 유미영 씨의 변화는 작은 공동체 경험을 통해 '나' 대신 '우리'가 삶, 문화, 가치관의 중심에 자리 잡으면서 나타났다.

공동체와 커뮤니티

공동체란 흔히 듣는 말이지만 사람들에게 특별한 의미로 다가온다. 민족과 국가라는 단일한 영토와 혈통을 구분하는 공동체의 의미와 사람들의 거주 지역을 지칭하는 지역 개념의 공동체, 나아가 특별한 가치관으로 고립된 생활을 하는 공동체까지 다양하다. 요즘에는 온라인 동호회나 소셜네트워크서비스(SNS) 관계를 지칭하는 온라인공동체, 아파트가 주거형태로 확대되면서 등장한 아파트공동체도 있다. 이 다양한 공동체에서 '공동'이라는 말의 의미는 무엇일까?

『투게더(Together)』는 미국의 사회학자인 리처드 세넷(Richard Sennett)이 쓴 책의 제목이다.[1] 이 책에는 '다른 사람들과 함께 살아가기'라는 부제가 있다. 세넷 교수가 주장하는 것은 '협력'이다. 세넷 교수는 분업보다 협업의 기술이 현대사회에 필요하며 사회적 협력이 중요하다고 강조한다. 그는 특히 현대사회에서 협력하는 것이 어렵다는 것을 인정한다. 그래서 더욱 사회적 협력을, 다른 사람들과 관계 맺기를 중요하게 생각한다.

'다른 사람들과 함께 살아가기'가 현대인, 특히 도시 사람들에게는 어려운 일이지만 필요한 일이기도 하다. 공동체는 여기에서 출발한다.

공동체의 개념을 위키피디아에서 찾아보면 믿음·자원·기호·필요·위험 등 여러 요소를 공유하며 참여자의 동질성과 결속성에 영향을 주고받는다는 의미에서 한자어로 공동체(共同體)로 표현한다. 영어로는 커뮤니티(Community)라고 표현한다. 커뮤니티는 라틴어로 같음을 뜻하는 'Communitas'에서 왔고, 이 말은 '모두에게 공유되는'이라는 뜻의 라틴어 'Communis'에서 유래되었다. 커뮤니티는 간단하게 표현하면 일정한 지역이나 공간에서 공동체 의식을 가지고 생활하는 사회 조직체다. 개념을 보면 우리말로 표현하는 공동체와 크게 다르지 않다. 그러다보니 공동체와 커뮤니티라는 말을 함께 사용하기도 한다. 하지만 다양한 사람들의 관계를 공동체로 볼 것인지 커뮤니티로 볼 것인지 결정하기 혼란스러운 면도 있다.

우리나라의 공동체 문화, 두레 · 계 · 품앗이

우리나라 역사에서 공동체는 농업사회라는 특수한 사회적 배경에서 탄생한 것으로 농업사회의 촌락과 혈연관계를 기본으로 탄생한 서양의 역사적 흐름과 크게 다르지 않다. 다른 점이 있다면 우리나라가 좀 더 안정적인 가족 유대를 이어왔다는 점이다.

우리나라에서 친족이라는 것과 친족이 함께 모여 사는 거주 지역은 공동체의 기본적인 단위다. 지금도 지방에는 같은 성씨끼리 모여 사는 촌락이 많다. 친족의 촌수가 8촌까지 이어지기도 한다. 이런 친족관계를 기본으로 한 촌락공동체는 농경생활에서 중요한 역할을 한다. 농사일을 함께하고, 절기와 명절을 함께 보내고, 탄생과 죽음을 함께 맞이하는 관계였다. 여기서 협동노동의 두레, 관혼상제를 함께하는 계가 나타났다. 점차 품앗이와 농업노동의 형태로 변하긴 했지만 농업 중심의 촌락공동체는 사람들이 한평생을 살아가는 수단이었고, 먹고 살기 위한 경제공동체였다.

〈표 1-1〉 우리나라 상부상조공동체

두레	공동 작업을 위해 마을에서 한 사람씩 나와 힘을 모아 농사 위주로 일하던 작업공동체다. 두레는 농촌사회에 모내기가 실질적으로 보급되면서 시작되었다. 농업의 필요에 따라 형성된 생산 협동체제로서 엄격한 규칙과 규율이 있었다.
향약	유교적인 성향이 강했지만 상부상조의 경제적 기능에 더욱 중점을 두었고 계와는 성격이 비슷하나 마을의 범위를 넘어 여러 마을로 범위를 넓힌 협동 조직으로 발전했다는 점에서 차이가 있다.
계	같은 지역에 사는 사람이나 서로 관련 있는 사람들이 일정한 목적을 위해 돈이나 노동을 제공하는 자율적인 협동조직이다. 이를테면 혼사나 상을 당할 때 서로 도우며 개인이나 공동의 재산을 불리는 역할을 한다.
품앗이	두레와 계가 협동 조직으로 공동체 속성을 지닌다면 품앗이는 간단히 노동을 교환하는 제도다. 농번기에 주로 행해지며 품을 빌리고 갚아주는 형태다. 품앗이는 생산성을 중요하게 생각하는 계·두레·향약과 달리 노동 그 자체에 비중을 둔다. 즉, 노동력을 남자나 여자 구분 없이 대등한 관점에서 평가한다.

옛날에는 살아가는 데 필요한 것 전부를 모두 갖추지 않아도 되었다. 농사 도구, 살림살이, 먹을거리, 심지어 명절음식까지 함께 만들어 나누었다. 설날이면 떡국을 큰 솥에 끓여 마을회관에서 함께 먹었다. 마을사람들이 모여 명절놀이도 함께 했다. 대보름과 단오에도 마을사람 모두 일을 나눠 맡아 치렀다.

오늘날의 농촌에서도 옛 공동체 문화를 찾을 수 있다. 특히 친환경농업 생산자들의 공동체는 생산 계획과 육묘, 수확, 유통을 공통의 계획과 노동으로 해낸다. 특히 농사 도구를 공동으로 구매하고 나눠 사용하거나 큰 명절 잔치를 마을사람 모두 함께 준비하고 어울린다. 굳이 두레나 품앗이라는 이름을 붙이지 않더라도 협업이 절대적으로 필요한 농업의 특수한 상황에 따라 자연스럽게 공동체 문화가 이어졌다.

어디까지 공동체로 볼 것인가

공동체란 무엇인가. 이 질문에 수많은 학자가 다양한 견해를 내놓았다. 공동체를 정의하는 학설은 학문적 관점과 시대적 상황에 따라 다양하게 등장했다. 그중 대별되지만 공동체를 가장 잘 설명하는 두 학자의 견해를 살펴보기로 한다.

사회학자 조지 힐러리(George Hillary)는 세 가지 차원에서 공동체를 말한다. 첫째는 물리적 공간을 말하는 지리적 영역, 둘째는 사회관계를 나타내는 사회적 상호작용, 셋째는 집단의식을 나타내는 공통의 연대다. 지리적 영역의 개념은 공동체의 본질은 아니지만 공동체를 가능하게 하는 기본 조건이다. 둘째, 사회적 상호작용의 개념은 공동체가 형성되는 시작이다. 생활과 마음을 나누고 어려움과 필요한 것을 함께 해결하는 것이 공동의 목적이 되어 자연스럽게 사람과 사람 간의 관계가 만들어진다. 마지막으로 집단의식을 나타내는 공통의 연대는 "개인이 집단에 참여하면서 느끼는

'우리'라는 감정과 이웃 간에 서로 지켜야 할 도덕과 행동규범, 집단적 상징과 의미체계 그리고 집단이 지향하는 궁극적 가치체계 및 종교적 신념을 의미한다."[2]

　독일의 사회학자 페르디난트 퇴니스(Ferdinand Tönnies)는 그의 저서 『게마인샤프트와 게젤샤프트(Gemeinshaft Gesellshaft)』에서 두 가지 공동체 개념을 제시한다. 태어나 함께 살아가는 일차적 관계로 이루어지는 혈연·종족·촌락공동체를 말하는 게마인샤프트(Gemeinschaft)와 능률이나 정치적·경제적 이익을 고려해 합리적으로 만들어지는 계약적인 성격의 공동체를 말하는 게젤샤프트(Gesellschaft)가 그것이다. 퇴니스의 게마인샤프트는 가족공동체가 확대되어 형성된 촌락공동체에서 볼 수 있다. 게마인샤프트적 인간관계는 부모와 자식, 친족관계를 말한다.

　퇴니스는 인간이 본능적으로 타인과 어울려 살기를 원하며 서로 희생하고 협동하려는 타고난 의지로 사회적 결속이 이루어진다고 보았다. 나아가 합리적 의지를 기본으로 한 게젤샤프트적 관계는 참다운 공동체를 이룩할 수 없다고 믿었다. 게마인샤프트적 사회를 가장 자유롭고 안정된 삶이 이루어지는 곳이자 인간사회의 가장 원초적인 형태로 보았다.[3]

　힐러리가 제시한 세 가지 구성요소는 공동체가 어떻게 만들어지고 유지되는지를 이해하는 데 도움이 된다. 첫 번째 구성요소로 제시한 지리적 영역은 공동체가 만들어지는 기본 조건이며 촌락 중심의 공동체가 형성되는 이유이자 유지되기 위한 조건이었다. 하지만 19세기 산업사회가 등장하면서 촌락·혈연 중심의 공동체가 무너졌고 혈연·종족·촌락의 공통성을 기본으로 하는 퇴니스의 게마인샤프트적 공동체는 무의미해졌다. 공동체 해체로 위기감을 느낀 사회학자들은 게마인샤프트적 공동체의 복원을 위해 대안을 마련하는 연구를 계속해갔다.

힐러리는 그런 의미에서 공동체를 만들어내는 속성인 사회적 상호작용을 지리적 영역 다음으로 중요한 공동체 구성요소로 제시했다. 사회가 변함에 따라 같은 곳에서 살거나 혈연관계가 아니더라도 인간관계가 공동체를 만들어가고 유지하는 속성이 될 수 있다는 것이다. 퇴니스는 게마인샤프트적 속성이 사라진 공동체는 공동체라 할 수 없다고 주장하지만 인간생태학을 연구하는 학자들이나 구조기능론자들은 사회의 다양한 조직과 제도의 기능적 관계를 공동체로 본다.[4]

사회적 상호작용을 구성요소로 하는 공동체를 공동체라고 볼 수 있는가, 퇴니스의 게젤샤프트적 공동체, 즉 정치적·경제적 이익이나 기능적인 사회관계에서 형성된 집단을 공동체로 볼 것인가는 학자들의 의견이 대립되는 지점이기도 하다.

이에 힐러리는 세 번째 구성요소로 집단의식을 나타내는 공통의 연대를 제시한다. 앞서 제시한 두 가지 구성요소가 결합된 형태로 이해할 수 있다. 공통의 연대란 '나'와 '너'가 만나 이루는 '우리'라는 의식을 갖는 것을 말한다. 즉, 공동체는 같은 곳에서 살든, 그렇지 않든 지리적 공간 공유를 떠나 더불어 살아가는 삶의 방식이다. 공동체의 공공선으로 사회적 정의를 말한 미국 정치학 교수 마이클 샌들(Michael Sandel)은 집단의식으로서 공통의 연대를 다음과 같이 설명한다.

> 완전히 자유로운 선택권을 지닌 존재가 아니라 자신의 정체성이 형성된 공동체에 소속된 존재다. 그 공동체에서 살아가기 위해 공동체에 대한 연대와 소속의 의무, 공동체의 공공선을 위한 노력이 필요하다.[5]

공동체의 개념은 학자마다 다양하다. '어디까지를 공동체로 봐야 할지, 무엇을 공동체적 속성이라고 말해야 할지' 등에 관한 의견 차를 좁히기 쉽지 않다. 특히 현대의 공동체 유형은 그것을 설명하고 이해하기 위한 기준 틀이 무의미할 정도로 더욱 다양하게 나타나고 진화한다.

공동체를 설명하는 데 명확한 답은 없다. 도식화도 불가능하다. 하지만 공동체를 설명하는 기본 속성은 사람들의 관계다. 오늘날의 공동체를 되니스의 세바인샤쓰트와 게젤샤프트 차원으로만 설명하기에는 어려움이 있다. 오히려 게젤샤프트적 공동체의 유형과 속성을 어떻게 분류하고 이해해야 하는지가 과제로 떠올랐다.

어쩌면 공동체라는 이름을 붙이기보다 사람들이 어떤 상호작용을 통해 집단의 유대를 만드는지, 사회관계로 어떻게 확대시키는지를 좀 더 다양한 분석 틀로 이해해야 할 것이다.

도시에서 공동체가 가능할까

농업사회의 촌락공동체를 연상하면 '도시'와 '공동체'는 어울리지 않는 말이다. 끈적끈적한 사람 관계가 이루어질 수 없는, 철저히 이익관계로 연결되는 곳인 도시를 나타내는 수많은 표현 중 공동체를 이해할 만한 것은 없다.

도시에서 공동체는 만들어질 수 없는 것일까. 그러나 사람들 속에서 사람임을 느끼는 사회적 인간의 속성이 도시에서 공동체를 만들고 키워간다. 마을에서, 뜻을 같이 하는 사람들 사이에서, 직장에서, 온라인에서 공동체를 통해 도시 생활의 생기를 찾는 사람이 늘었다.

도시에서 공동체가 생겨나기 시작한 것은 1960~1970년대로, 이

시기에 도시 빈민의 자활과 자립, 자치를 지원하기 위한 공동체 실험이 일어났다. 근대적 의미에서 우리나라 도시공동체의 원형을 '달동네'라 불리는 도시 빈민의 주거지에서 발견하는 견해도 있다.[6] 우리나라가 본격적으로 산업화의 길로 들어서면서 농업공동체가 무너졌다. 그 결과 농업을 포기한 농촌사람들이 서울로 상경해 도시 변두리 지역의 빈민가를 형성했다. 또한 도심의 재개발 사업으로 쫓겨난 사람들이 빈민촌을 형성하면서 어려운 생활을 함께 해결하려는 움직임이 공동체운동으로 나타났다. 자구적 운동의 성격을 띤 공동체운동은 1980년대 이후 도시 빈민촌의 강제 철거와 강제 이주에 대항하는 생존권 투쟁으로 나타났다. 정치적 격변기와 노동운동의 확대에 맞물려 도시 빈민운동이 민주화운동의 한 축으로 자리 잡았다. 1990년대 이후 생활의 필요를 사람들과 함께 해결하자는 생활공동체운동과 같은 풀뿌리운동이 등장했다. 생활공동체운동은 친환경농산물과 생활용품을 생산자와 직접 나누는 생활협동조합(생협) 중심으로 이루어졌고, 조합원들이 이웃과 함께 폐식용유로 비누 만들기, 음식물쓰레기 자원화운동을 펼치면서 생활자치운동으로 확대되었다.

2010년을 전후해 민관이 함께 나선 거버넌스(Governance) 사업으로 마을공동체만들기운동이 새로운 공동체운동으로 등장했다. 특히 2011년 박원순 시장이 시작한 정책인 마을공동체 사업을 계

〈표 1-2〉 우리나라 도시공동체운동의 흐름과 특성

구분	적응형	저항형	방어형	창조형	협력형
시기	1960~1970년대	1980년대	1990년대	1990년대 후반	2000년대 후반
주체	도시 저소득층 (도시 빈민)	도시 저소득층 (도시 빈민)	도시 중산층 포함 (지역주민)	행정 (중앙, 지방), 민간단체, 전문가	행정(지방)+ 민간단체+ 전문가+ 지역주민
내용	·도시 생활에 적응하기 위한 자구적 노력 ·이웃 간 상부상조를 통한 자활과 자립 모색(도시 빈민운동, 생산공동체, 신협운동 등)	·재개발과 강제철거에 대한 주거생존권운동 ·주민교육 및 조직화를 통한 저항운동(도시 빈민운동, 사회 민주화운동과 연계)	·생활세계를 지켜나가고 가꾸는 생활밀착형 운동 ·생활문제를 삶의 질, 참여, 자치에 대한 관심과 연결 (아파트공동체운동, 주민자치운동 등)	·경제위기와 삶의 대안(고용, 복지 등) 모색(자활공동체, 생활협동조합운동) ·지역공동체 만들기 운동의 제도화와 사업화(마을 만들기 운동)	·도시공동체운동의 새로운 모색(주민 주체성, 현장성, 일상성) ·공간 사회 경제 영역의 종합적 접근과 중간지원 조직의 역할

자료: 정규호(2012).

기로 서울이라는 도시 곳곳에 마을사람이 중심이 된 공동체가 만들어지고 살맛나는 마을 문화가 펼쳐졌다.

이를 통해 도시에서도 다른 사람과 함께 살아가기가 가능해졌다. 삶의 터전에서 이웃과 함께 아이들을 키우고 마을에서 사람들과 살아가는 재미를 느끼며, 삶의 마감을 함께할 수 있다는 안도감을 주는 공동체마을이 생겨난 것이다. 이사 가지 않고 오랫동안 한곳에서 살 수 있는 고향 마을이 도시에서도 만들어진 것이다. 먹고 사는 일, 일자리를 찾고 만드는 일이 살고 있는 마을에서 이루어진다. 모든 것을 다 갖추지 않아도 네 것과 내 것을 우리 것으로 함께 사용하는 촌락공동체가 도시에서도 가능해졌다.

한 발짝 옆으로 발걸음을 옮기면 삶을 함께할 이웃이 보인다. 발뒤꿈치를 들어 조금만 앞을 내다보면 오랫동안 머물고 싶은 마을이 보인다.

지역적 거주의 공통성을 기반으로 성립되었던 공동체는 이제 행복한 삶을 바라는 심리적 안정과 의식주 생활의 필요, 사회적 활동의 참여를 목적으로 하는 공동체운동으로 확대되었다.

어디까지를 공동체로 볼 것인가, 그 주체가 누구인가, 진정한 공동체란 무엇일까 등의 무수히 쏟아지는 질문에 아직 딱 떨어지는 답은 없다. 하지만 여러 가지 사례를 통해 왜 공동체를 만드는지, 그것으로 무엇을 하는지, 자신이 선택하고 만든 공동체에서 하고자 하는 일을 성취했는지에 관한 답을 찾을 수 있을 것이다.

2

/

가까운 이웃의 생활협동공동체

예윤네는 모처럼 5~6세 아이들로 시끌시끌하다. 일곱 집이 모였으니 30평이 안 되는 예윤네는 발 디딜 틈이 없을 지경이다. 이날은 한살림 조합원들이 마을모임을 하는 날이다. 가까이에 사는 이웃이 모였더니 또래 아이들을 자녀로 둔 조합원이 많았다. 이를 계기로 매번 조합원의 집을 돌아가면서 아이들과 함께 모인다.

한 달에 한 번 이렇게 어느 집에 모여 새로 나온 물품을 평가하거나 음식을 함께 만들어 먹기도 한다. 엄마들 수다도 멈출 새가 없다. 아이들은 재미있는 장난감을 들고 서로 얽혀 한껏 놀이에 빠져 있다. 그러다보면 어느새 저녁 무렵이 되고 그냥 헤어지기 섭섭하다며 저녁식사도 함께 해결한다.

이들은 2년째 이렇게 모임을 갖는다. 갓난아이를 데리고 처음

마을모임에 온 예윤네는 어느새 예윤이를 유치원에 보냈고, 이제 예윤이 동생이 누나 자리를 대신한다.

매달 집집마다 손님맞이 큰 잔치가 벌어지듯 마을모임이 이어진다. 하루 세 끼와 간식까지 함께 해결하는 큰 잔치판이다. 요리에 자신 있는 조합원은 자신의 집에서 모임이 있는 날이면 닭다리 순살로 만든 튀김과 샐러드, 우리밀 국수와 친환경 토마토로 직접 만든 특별 스파게티, 아이들을 위한 떡볶이와 어묵국 등으로 한껏 솜씨를 뽐낸다. 손도 많이 가고 힘도 드는 일이지만 매달 이날이 기다려지는 이유는 세상살이 이야기에 굶주린 사람들의 수다가 재미있고, 아이들을 함께 돌볼 수 있는 여유가 생기는 날이기 때문이다. 누구나 한 번 이 잔치를 여는 주인이 되기 때문에 그만큼 부담도 적다.

한 달에 한 번 마을모임 외에도 일주일에 한 번 가까운 산으로 숲놀이를 가거나 공원 나들이를 한다. 아이들이 어려 가능하면 걸어서 이동하는 편이다. 어린 아이들을 돌보느라 육아 외에 다른 일을 할 수 없는 엄마들은 가까운 이웃과 이야기도 나누고 엄마에게만 매달리는 아이를 또래 친구들과 놀게 해 엄마에게서 떨어지게할 수 있으니 이보다 더 좋은 일이 없다. 아이 키우는 것, 먹는 것, 가족들 이야기 등으로 수다의 끝이 보이지 않는다. 사회적인 문제가 거론될 때는 뜨거운 열기까지 뿜어져 나온다.

생활재 공동 구입과 생활 실천을 위한 생활협동공동체

한살림을 비롯한 생협의 조합원은 지역 곳곳에서 자발적인 마을모임을 연다. 걸어서 오갈 수 있는 거리에 사는 조합원 중심으로 하나의 마을모임을 꾸린다. 처음에는 조합원이라는 공통점으로 모임에 참여하지만 이곳에서 나 아닌 이웃에게 관심을 갖고, 내가 살고 있는 마을, 나아가 지역과 세상의 고민을 함께 나눈다.

와이엠시에이(YMCA) 등대생협은 매주 일명 등대모임이라는 마을모임을 열어 주문한 물품을 받아 나눈다. 모임은 참여하는 촛불(조합원)의 집에서 돌아가면서 열린다. 집을 개방하는 것은 있는 그대로의 나를 다른 사람에게 보여주는 것으로 삶을 이웃과 함께한다는 의미도 있다. 나만의 공간을 고집하기보다는 사람들을 나의 공간으로 끌어들여 더 넓은 인간관계를 만드는 것이다.

한살림 마을모임의 경우 한살림 시작 무렵인 1980년대 말에는 지금과 다른 모습이었다. 1986년 12월 4일, 농촌의 생산자들이 자신이 생산한 물품을 도시의 소비자와 직접 나누는 운동을 시작했다. 한살림의 생산자들은 소비자에게 안전한 먹을거리를 제공하고, 도시 소비자들은 농약을 치지 않고 소신껏 농사를 짓는 생산자들의 생계를 보장하는 생산자와 소비자의 공동체운동이었다. 1988년에는 도시 소비자를 중심으로 소비자협동조합이 만들어지면서 지역의 기본 단위인 마을공동체가 형성되었다.

마을공동체는 다섯 가구 이상의 소비자 조합원으로 구성되며 필요한 물품을 주문한 후 일주일에 한 번 다른 조합원들과 함께 마을 앞마당에 모여 공급 받은 물품을 나눈다. 유정란 한 판을 각자 주문한 개수만큼 나누고, 큰 판을 가득 채운 두부를 칼로 잘라 나눈다.

공동체 공급은 물품 공급의 효율성뿐 아니라 생활공동체를 다시 형성하는 촉매제 역할을 했다. 조합원은 공동체 공급을 통해 일주일에 한 번씩 모임을 갖고 환경이나 농업에 관한 공부도 하고 함께 밥을 해먹으면서 생활 이야기를 나눈다.

마을의 공동체 공급을 통해 조합원은 한살림 활동의 중심에 서고 이는 단순한 물품 나눔 활동뿐 아니라 생활 나눔 활동으로 이어진다. 지역주민과 식생활 공부를 함께하거나 생산지 방문이나 일손 돕기도 함께 펼친다.

이렇듯 공동체 공급은 조합원이 한살림 물품을 만나고 한살림 운동에 참여하는 기회이자 통로였다. 하지만 이는 사라진 지 오래다. 생활 편의성이 강조되고 지역 곳곳에 매장이 생기면서 다양한 가구와 물품을 함께 받아 나누는 공동체 공급 방식에서 개인적으로 주문해 집에서 개별적으로 받거나 매장을 이용하는 방식으로 바뀌었다. 그러다보니 공동구매를 위해 자연스럽게 만나던 모임

이 사라지고, 가까이 사는 마을 조합원들의 교류의 징인 '마을모임'이 생겨났다. [1]

한살림 조합원들은 내 밥상을 살리고자 하는 마음으로 한살림 공동체에 발을 내디뎠고, 생산자의 물품을 구매하면서 농업의 현실을 몸으로 느낄 수 있었으며, 이웃과 함께 세상의 변화를 위한 작은 실천을 함으로써 공동체를 이루었다.

한살림 조합원 같은 생협 조합원들은 안전하고 건강한 먹을거리로 밥상을 차리고, 친환경 생활용품을 사용해 환경을 지키려는 마음으로 공동체에 참여하고, 문제 해결의 중심에 나서기도 한다. 2008년 미국 소의 광우병 위험이 사회 문제로 등장하면서 생협 조합원들은 마을모임에서 끊임없이 이 문제를 주제로 토론하고, 구체적으로 어떻게 의사를 표현할지에 관한 행동 방향까지 모색했다. 이를 통해 나온 방안이 아파트 발코니에 '우리 집은 광우병 위험이 있는 미국 소를 먹지 않습니다'라고 쓰인 현수막을 거는 일이었다.

이에 반대 의견이 있는 마을 주민의 항의와 관리소 직원의 협박에도 굴하지 않고 생협 조합원들이 살고 있는 마을 이곳저곳에 현수막이 내걸렸다.

공동체의 힘을 확인할 수 있는 대표적인 사례다. 이외에도 친환경 급식 조례 제정운동에 앞장선 것도 생협 조합원들이었다. 마을

마다 서명지를 들고 다니면서 목소리가 갈라지는 것도 모르고 열심히 설명하고 사인을 받았고, 퇴근하고 돌아오는 맞벌이 마을 주민들까지 만나 친환경 급식의 중요성을 알리고 또 알렸다. 한 사람의 마을 주민으로서는 엄두도 낼 수 없는 일이었다. 자신의 생활터전을 지키고 살기 좋은 곳으로 만들고자 하는 열정으로 그 일을 해낼 수 있었다. 이것이 생활협동공동체의 진정한 모습이고 힘이다.

마을과 지역을 만드는 데 함께하는 생활협동공동체

생협의 마을모임은 이웃끼리 만나는 정도의 단순한 모임이 아니다. 내 아이만을 지켜보던 삶에서 마을의 아이들을 돌아보고 어려운 이웃을 살피는 삶으로 변하게 한다. 사람들과 이야기를 나누면서 건강한 삶을 위해서는 세상을 편하게만 누리고 살아서는 안 된다는 각성을 하게 되고, 환경지킴이로서 자신의 역할을 찾아간다. 자신의 생활에서부터 에너지 절약을 실천하고, 장바구니와 개인 컵을 가지고 다니는 불편한 삶을 자처하면서 행복을 느낀다.

나아가 마을모임을 통해 다른 사람들과 함께 살기 좋은 마을과 지역을 만드는 데 한 발 더 내딛는다.

그 한 예로 한살림 동부지부에서 매달 여는 '강동벼룩시장'이 있

〈그림 2-1〉 강동벼룩시장

자료: 한살림서울.

다. 강동벼룩시장은 한살림 동부지부의 조합원들이 주관하고 전
국녹색가게운동협의회의 예산 지원과 강동구청의 협력으로 시작
되었다. 이후 동부지부 자체 예산과 서울시의 예산 지원을 받으며
강동구청과 협력해 올해까지 이어졌다. 매월 둘째 주와 넷째 주 토
요일 오전 10시부터 오후 3시까지 열리는 이 벼룩시장은 비가 오
거나 무더운 한여름을 제외하고 매월 두 번 열린다.

강동벼룩시장은 한살림서울의 강동지부(현재 동부지부로 이름을 바꿈)가 설립된 이듬해인 1999년부터 조합원과 주민이 참여하는 소규모 재활용품 나눔 장터에서 시작되었다. 2007년 이전에는 매년 한 번 열리는 장터였는데, 한살림 생산자와 거래하는 직거래 장터와 조합원이 기증한 생활용품을 함께 판매하는 형태였다.

매월 같은 날에 꾸준히 열리는 벼룩시장은 지역주민에게도 기다려지는 행사가 되었다. 장터 물품에 대한 만족도도 높았고, 자연스럽게 되살림 문화를 일상생활로 받아들이게 되었다. 어린이의 경제교육 차원에서도 부모들의 높은 호응을 받았고, 지역주민이 자율적으로 참여하는 예가 늘어났다. 문화공연까지 곁들이면서 벼룩시장은 지역주민의 소중한 축제가 되었다.

생협 조합원의 모임에서 지역 사업으로 확대된 사례도 있다. 마을학교 협동조합을 꿈꾸는 화곡동 엄마들의 모임인 '술술 꿈타래'가 그것인데, 이들은 2012년 화곡동에 사는 한살림 조합원 9명으로 구성되었다. 2013년에 들어서 '화곡동 마을학교 추진위원회'를 구성해 마을학교 사업을 준비하기 시작했다.

이들이 꿈꾸는 마을학교는 갑자기 등장한 아이디어가 아니다. '술술 꿈타래'에 참여하는 조합원이 2007년부터 작은 모임인 '아이스레'를 만들어 아이들과 함께 지역의 봉제산을 터전으로 생태놀이와 전래놀이를 진행해왔다. 화곡동 한살림 엄마들이 시작한 아이들의 놀이모임이다. 2011년에는 '우리 아이들뿐 아니라 지역의

〈그림 ?-2〉 회곡동 마을학교 활동

자료: 한살림서울.

아이들과 함께하자'라는 뜻에서 지역아동센터와 연계해 활동을 확대했다. 처음 시작할 즈음 대여섯 살이던 아이들이 어느덧 열 살이 되었다. 아이들의 놀이모임에 변화를 모색할 즈음 한살림서울의 조합원 자주공부모임 공모에 '술술 꿈타래'라는 이름의 지역살림 활동 계획서가 채택되면서 새로운 기획이 탄생했다.

화곡동 마을학교가 추구하는 핵심 목표는 '자기다운 생명을 키워나가는 아이들, 당당하고 유쾌하게 가르치고 배우는 마을 주민, 함께 수다 떨고 서로의 삶을 다독이는 사랑방 만들기'다. 아직 마을학교를 운영할 사랑방을 마련하지는 못했지만 그들은 이미 가슴으로 마을학교를 운영하고 있다. 예전과 같이 지역의 봉제산을 터전으로 사계절 생태놀이와 전래놀이를 아이들과 함께 진행하고, 바느질이나 커피 제조 등 자신의 재능을 나누며, 서로 꿈꾸는 세상을 실현하는 학교를 향해 가고 있다.

지금까지 내 아이만의 엄마와 교사로 있었다면 이제는 마을과 지역의 엄마이자 교사로 한 발 더 내딛겠다는 것이다. 작은 소모임에서 시작해 마을의 학교까지 꿈꾸는 사람들, 즉 생활협동공동체가 그 산실이 되었다.

생협의 마을모임은 가정의 울타리를 넘어 사회로 나가는 출구

생협의 마을모임은 주로 여성으로 이루어진다. 가끔 남성이 등장하기도 하는데, 이들은 육아 휴직을 해 임시 주부로 살아가는 어린 아이들의 아빠다. 주로 가정의 살림살이를 담당한 사람들의 모임이라 아이 기우는 깃, 먹을거리 이야기가 주를 이룬다. 때때로 자신의 삶을 돌보는 데에 관심이 있는 사람을 중심으로 여러 가지 배울거리 모임을 만들기도 한다. 생협의 마을모임은 사람들에게 어떤 의미일까.

마을모임에 참여하는 사람들의 생각은 아주 다양하다. 하지만 대체로 "사람 냄새 나는 곳, 멀리 있는 친척보다 더 가깝게 지낼 수 있는 공간, 다양한 연령의 지혜를 배울 수 있는 곳"이라 말한다.[2] 이외에도 "한없이 이야기를 나눠도 지루하지 않고 시간이 금방 지나는 수다방", "해우소"로 마을모임을 표현하기도 한다. "가정의 울타리를 넘어 사회로 나가는 첫 출구다"라는 의견도 있다.

가정의 살림살이를 도맡은 가정주부들이다 보니 그간 사회에서 격리된 느낌이 들었다는 것이 공통된 생각이다. 사람들을 만나도 자신의 현재 생활에서 벗어나지 않는다. 그러나 마을모임에서는 연령이나 문화, 재능 등이 다양한 사람을 만날 수 있어 이곳 자체가 평생 배움터라고 할 수 있다. 특히 자신의 집 이외의 마을이나 지역, 사회에 관심을 갖지 못했던 터라 마을모임에서 회자되는 먹을거리 안전의 문제, 환경 문제, 방사성물질의 위험성, 지자체의 정책과 관련된 제반사항 등이 새로운 세상으로 다가온다. 지난 광우병 관련 문제에서도 보듯이 사람들은 마을모임을 통해 사회적 발언을 하고 자신의 생각을 행동으로 표출하기도 한다.

마을모임은 세상으로 나가는 출구이자 다양한 이웃과의 만남을 통해 사람냄새를 맡을 수 있는 곳으로 마을과 마을사람들에게 허브역할을 하지만 아직 그 규모나 참여율이 높지 않다. 현재 생협 조합원이 전체 인구에서 차지하는 비율은 10% 정도. 일본은 20%가 훨씬 넘고, 고베지역의 경우 60% 이상이 생협 조합원이다. 그에 비하면 우리나라는 생협의 인지도가 그리 높지 않은 편이다. 어쩌면 '그들만의 폐쇄적인 세계'로만 비춰질 수도 있다. 하지만 마을모임에 참여하는 생협 조합원은 마을의 반상회처럼 각 동마다 마을모임이 열리기를 기대한다. 김장 배추와 재료를 함께 구해 김장을 같이 하고, 때마다 고추장과 된장도 담그고, 집집마다 뭘 먹어야 할지 반찬을 함께 만들어 나누고, 서로 안 쓰는 것과 필요한 것을 교환하고, 돌아가면서 자신의 재능을 마을사람들에게 펼치고, 어르신들은 마을의 어린 아이들을 돌봐주고, 젊은 사람들은 어르신들의 장을 대신 봐주고 음식을 만들어 끼니를 도와드리는 것 등 마을모임을 통해 상상할 수 있는 일은 무수히 많다.

　아직 하지 못하는 일이라 더 가슴에 와 닿는다. 아주 가까이 사는 사람들의 마을모임이 이루어진다면 그것은 공식적인 마을모임이 아니라 그냥 이웃이 된다. 매일 만나는 이웃, 이 집 저 집 훤히 꿰고 있는 가족 같은 이웃이 생협 조합원들이 마을모임을 통해 꿈꾸는 모습이다.

3
/
마을이 일터 · 배움터 · 놀이터인 마을공동체

아이들과 노약자들이 보살핌을 받는 곳, 환경위기와 에너지 문제를 함께 풀어가기 위해 머리를 맞대는 주민회의가 수시로 열리는 곳, 솜씨 좋은 이웃집 주부가 하는 반찬가게와 이웃집 아저씨가 하는 목공방과 철공소 그리고 텃밭이 있는 곳, 절기마다 이웃들과 삼삼오오 모여 놀고, 세대에 걸쳐 마을 축제를 준비하고 아이들의 조촐한 돌잔치에 참여한 이웃이 대모와 대부가 되는 곳, 마을 주민 모두 함께 텃밭을 가꾸고 집을 수리하는 곳, 함께 에너지를 줄이고 쓰레기를 줄이며 재생에너지를 통해 지구환경을 더는 망치지 않는 곳, 그런 건강한 곳 …….[1]

사회학자 조한혜정 선생은 우리가 찾아야 할 마을을 이렇게 표현했다. 현재 사람들의 삶에 관해 선생은 다음과 같이 말한다.

모두가 돌봄을 필요로 함과 동시에 버거워하고 외톨이로 있는 것이 오히려 편하다고 합니다. 이것이 지금 우리가 직면한 난감한 현실입니다. 모두가 오로지 자기 삶의 주인이어야 하고 남의 삶에 개입하는 것은 무례하거나 멋지지 않다고 말합니다. 그래서 모두가 개별 공간에서 외롭고 힘들게 살아가고 있습니다.[2]

그래서 "배려와 돌봄이 순환되는 마을을 만들기 시작해야 한다"라고 강조한다.[3]

지난 몇 년 전부터 서울이라는 도시에서 배려와 돌봄이 순환되는 마을이 만들어지기 시작했다. 아직 그 움직임이 더디고 성과도 그리 크지 않지만 가까이 사는 사람 중심으로 '평생 머물고 싶은 마을'을 만들고 있다. 대표적으로 성미산마을과 삼각산재미난마을이 있다.

작은 공동체들이 모여 이룬 마을공동체, 성미산마을

서울 마포구의 나지막한 산인 성미산 자락의 마을을 사람들은 성미산마을이라고 부른다. 성미산을 가운데 두고 성산동, 망원동, 연남동, 서교동, 합정동, 동교동으로 둘러싸여 있다. 성미산마을이라고 하면 공동육아 어린이집이 처음 세워지고 두레생협이 있는 성산동을 가리키지만 성미산 자락에서 살고 있는 사람들은 자신을 성미산마을 주민으로 인식한다. 이곳은 단독주택과 다세대주택이 대부분이다. 아이들 키우기에 이만한 데가 없다는 소문이 돌면서 전세가격이 급등해 이곳으로 이사하는 것이 공동육아 어린이집에 들어가는 것보다 더 어려워졌다.

1994년 우리나라에서 처음으로 공동육아 협동조합 어린이집 '우리 어린이집'이 만들어지면서 성미산마을은 공동육아 협동조합의 산실이 되었다. 다음해인 1995년에 '나르는 어린이집'이 만들어지고 이후 2개의 어린이집이 더 세워졌다. 아이들이 학교에 갈 즈음에는 방과 후 어린이집이 만들어지고 이어 대안학교인 성미산학교가 설립되었다.

성미산마을이 공동체를 통해 사람들의 관계망을 형성할 수 있었던 것은 마포에서 유일하게 남은 산인 성미산의 개발 사업에 대항해 3년간 장기 싸움을 이어간 마을사람들의 공동 행동과 그 성공이 있었기 때문이었다. 집안 살림을 제쳐두고 밤낮없이 성미산 지킴이로 나섰던 사람들의 삶터에 대한 애착과, 함께 살아가는 이웃에 대한 믿음이 형성되고 더 단단해진 것이다. 마을사람들은 아이들을 함께 키우고 마을을 지켜낸 그 힘으로 마을에서 재미난 사업들을 만들어내고 공통의 관심사를 마을의 축제로 이끌어냈다.

성미산마을의 중심축은 공동육아 협동조합 어린이집이다. '또바기 어린이집', '성미산 어린이집', '신촌 우리 어린이집', '참나무 어린이집'이 있고, '도토리 방과 후 어린이집'이 성미산마을의 어린이 교육기관으로 자리 잡았다. 성미산마을 사람들이 가장 많은 관심을 두는 분야가 교육기관이다. 성미산마을에는 어린이집뿐 아니라 성미산학교와 다양한 배움터가 있다. 성미산학교의 방과 후 교실로 운영되는 마을배움터, 성미산학교 체육교사인 이홍표 사범이 운영하는 '꿈터 택견', 어린이와 어른들에게 다양한 춤을 가르치는 '춤의문 발레하우스', 뮤지컬 배우 출신인 이마랑 씨가 운영하는 스튜디오 '마랑' 등이 있는데, 이마랑 씨는 요가와 재즈댄스 강습을 하고 이곳을 연습공간으로 마을사람들에게 대여해준다.

공동육아 학부모와 생협 조합원이 중심이 된 성미산마을의 마을공동체 사업체가 돋보인다. 이곳 사람들은 2~3명이 모여 무엇인가 필요하다는 마음이 모이면 그 일을 함께 한다. 그래서 나타난 것이 친환경 수제 비누를 만드는 '비누두레'다. 이보다 앞서 이미 바느질 공방인 '한땀 두레', 재생과 순환을 실천하는 '되살림 가게'가 운영되었고, 여러 번 우여곡절을 겪었지만 마을카페인 '작은나무'가 마을 사랑방 역할을 해왔다. 친환경 반찬가게인 '동네부엌'도

성미산마을의 내표적인 사업체나. 교육과 사업뿐 아니라 시익 노인을 돌보는 '돌봄 두레'도 지역의 돌봄 기능을 담당한다.

친환경식당인 '성미산 밥상'은 새로운 시도로 시작되어 2010년 150명의 개인과 단체의 출자로 문을 열었다. 최근에는 주택을 함께 지어 함께 살아가는 의미의 공동주택 만들기를 실현했다. '소행주'라는 이름의 공동주택 협동조합이다. '소통이 있어 행복한 주택 만들기'의 줄임말인 소행주는 집을 얻기 힘든 이곳 사람들의 소원이었고, 사는 곳을 함께 만들어가자는 의미에서 시작되었다.

다양한 동아리가 마을사람들의 생활에 활력을 준다. 시민사회단체가 이 마을에 들어오면서 건물 지하를 마을극장으로 제공한 성미산 마을극장은 마을의 문화공간으로 자리 잡았다. 문화예술을 펼치는 공간이 중심이 되면서 다양한 문화 동아리들이 활발한 활동을 하고 있다. 성미산 풍물패를 비롯해 다양한 밴드, 노래동아리, 사진동아리, 영상동아리 등 취미와 마음이 맞는 사람들이 모여 다양한 문화생활을 누리고 있다. 이외에도 '꿈터 택견', '춤의문 발레하우스', '밀랍초 공방', '문화로 놀이짱 1/4 하우스' 등과 같은 사람들의 공통관심사를 중심으로 한 여러 문화 활동이 활발하다.

마을사람들이 가장 심혈을 기울이는 것이 마을 축제다. 마을 골목을 차 없는 거리로 만들고, 다양한 솜씨와 재능을 뽐내고, 문화 행사를 열어 성미산마을 사람들의 공동체성을 확인한다. 2001년 5

월 처음 시작한 마을축제는 주민이 직접 기획 및 준비를 해 진행된다. 이외에도 매년 10월 마을 커뮤니티 중심의 마을 운동회, 축구대회, 문화 동아리가 주축이 되어 '문화예술동아리 축제 아리아리 동동'이 성미산마을극장에서 열려 마을 문화의 한몫을 담당한다.

성미산살리기 투쟁 이후 여러 공동체가 만들어졌다가 사라지고 다시 세워지는 곡절 많은 과정을 겪었지만 성미산마을에는 끊임없이 새로운 공동체들이 번식해 마을을 새롭게 바꿔나갔다. 성미산마을은 여전히 사람들의 관심이 쏠리고 사람들이 살고 싶어 하는 마을이다.

2012년 12월 (사)사람과 마을이 작성한 「성미산마을 조사연구 보고서」에 따르면 응답자의 절반 가까이가 '자녀의 교육과 육아' 때문에 성미산마을에서 살고 싶어 했다. 그 외 주민 동아리와 마을 기업도 마을을 선택하는 이유이기도 하지만, 이는 응답자의 6~7%대로 상대적으로 낮은 수치를 보였다. 교육과 육아 외에 마을을 선택하는 이유 중 가장 높은 수치를 나타낸 것은 '친밀한 이웃관계'였다. 물론 교육과 육아의 필요에 비하면 훨씬 낮은 수치이지만 마을에서 사람들과 어울려 살아가는 점도 중요한 동기로 작용하는 것을 알 수 있다.

이렇듯 교육 인프라가 잘 되어 있는 성미산마을의 성산동에는 이사를 하려고 집을 알아보는 사람들이 줄을 섰지만 가격도 비싸고 좀처럼 쉽이 나오지 않는다. 그러다보니 성산동과 가까운 망원동이나 서교동, 연남동에 집을 얻는 경우가 많다. 행정구역상 어디까지를 성미산마을이라고 생각하는지 묻는 질문에 응답자의 48%가 망원동과 합정동 서교동 등 성산동 인근 일대 지역까지를 성미산마을로 포함한다고 대답했다. 그렇다면 성미산마을은 공동육아 어린이집과 마을기업, 마을극장, 생협이 몰려 있는 성산동이 아니라 성미산자락의 마을을 모두 지칭하는 것으로 이해할 수 있을 것이다.

보고서에 따르면 마을에 수많은 사업체, 단체와 동아리, 교육기관이 있지만 일상적으로 만나고 관계가 형성되는 장소는 크게 두레생협과 어린이집, 성미산학교 세 군데였다. 그러다보니 마을사람들의 관계가 세 곳이 모여 있는 성산1동 중심으로 형성되는 것은 자연스러운 현상이다. 마을활동에 참여하는 비율은 67.3% 이상이었는데, 이 중 교육과 육아 관련 비중이 41.8%로 가장 높았고 생협이나 마을기업, 문화활동 순이었다.

마을활동이 많아져 생기는 피로감도 있지만 사람들은 함께하는 일에 생활의 절반 이상을 쏟으면서 마을의 일원이라는 자긍심을 느낀다.

성미산마을은 교육·생활·일거리·놀 거리가 함께 이루어지는 곳으로, 작은 공동체들이 모여 마을이라는 큰 공동체를 형성해

가고 있다.

아이들의 재미와 어른들의 재미를 함께 추구하는 삼각산재미난 마을

　공동체마을의 또 하나의 예는 재미난 사람들이 살고 있는 '삼각산재미난마을'이다. 강북구 우이동 북한산 자락에 자리 잡은 이 마을도 그 시작에 공동육아 협동조합이 있었다. 1998년 이곳에 공동육아 협동조합인 '꿈꾸는 어린이집'이 문을 열었다. 북한산 아래 아담한 마을, 산과 계곡이 가까이에 있는 자연친화적인 마을에 친환경 먹을거리와 생활환경에 대한 관심이 높은 부모들이 마음과 힘을 모았다. 공동육아는 가족이 함께 참여한다는 특징이 있다. 그러다 보니 아이들의 교육과 미래에 가족 모두가 머리를 맞대고 고민할 수 있었고 그 결과 대안학교가 설립되었다. 2004년에 아이들과 부모들이 힘을 모아 준비한 끝에 6년제 초등대안학교인 '삼각산재미난학교'가 문을 열었다. 학교 이름은 참여한 13가구의 학부모와 교사들의 밤을 새는 격론 끝에 정해졌다. 이것이 계기가 되어 마을 이름도 '삼각산재미난마을'이 되었다. 2014년이면 10년째로 접어든다. 이제는 중등대안학교 설립을 꿈꾼다.

〈그림 3-1〉 심긱신마을 재미난 카페의 빙과 후 아이들 간식 지원

자료: 살림이야기.

2011년에는 청소년 연극단 '진동'이 마을로 이사를 오면서 마을에 활기를 불어넣었다. 2012년에는 예비 사회적기업으로 삼각산 재미난마을 사업단이 꾸려지면서 강북지역에서 20년간 활동해온 청소년문화공동체 '품'과 함께 강북 마을장터를 열어 지역의 문화를 새롭게 만들어나갔다.

공동육아에서 시작해 초등 대안학교로 이어지면서 이곳에서 관계를 쌓아온 마을사람들은 아이들이 성장해 자신의 생활을 스스로

만들어나갈 즈음 어른들이 마을에서 어떻게 지낼지를 고민했다. 그래서 만들어진 것이 재미난 카페다. 2009년에 문을 연 친환경 농산물식당 재미난 밥상이 문을 닫고 대신 생겨났다. 이들에게는 차를 마시며 수다를 나누고, 재미난 일을 만들고, 아이들도 함께 챙길 수 있는 공간이 필요했다. 필요하면 만든다는 자연스러운 생활 수칙에 따라 공동으로 출자해 아담한 공간을 만들었다. 주택 하나를 빌려 마을 사랑방을 꾸몄다. 작은 어린이도서관 역할도 하고 회의도 하고, 소모임도 열고, 밥도 같이 먹는다. 아이들이 학교에서 돌아오면 방과 후 수업도 열린다. 겨울이면 이곳에서 마을사람들과 함께 김장을 한다.

마을카페 외에 마을사람들이 자주 이용하는 곳이 '마을유기농카페521'이다. 사진작가인 주인은 마을 배움터에서 사진 교습을 하면서 재활용품을 나누는 활동도 한다. 카페 수익의 일부를 마을에 후원하는 마을의 핵심 주민이다.

마을 목수 공작단도 마을에서 핵심 역할을 한다. 간단한 집수리는 물론 생활가구를 제작하고 정기적으로 목공교실을 연다.

이런 관계들이 마을의 문화를 만들어낸다. 그림책 모임인 '요술항아리', 타로를 연구하는 '샤크리', 마을사람들로 구성된 'JB밴드'와 '백세밴드', 연극에 목말랐고 아까운 재능을 감춰뒀던 사람들이 만든 '동네극단 우이동', 청소년문화공동체 '품' 등이 만들어졌고 이를 통해 미울은 아이, 이는 모두의 신성한 놀이터가 되었다. 연말이 되면 마을 주민들과 함께 송년 축제를 연다. 그동안 갈고닦은 재주를 이날 모두 펼쳐놓는다. 어설프면 어설픈 대로 잘하면 잘하는 대로 흥겨운 반응에 모두가 이날만큼은 어깨가 으쓱거린다.

공동육아를 시작할 때부터 이 마을에서 함께 살아온 어떤 이는 "노년을 걱정하지 않아도 된다는 것이 가장 위안이 된다"라는 말을 한다. 누구나 마을에서 산다. 하지만 그 마을이 자신의 마을이 되지 못한 채 떠도는 생활이 이어지는 사람들이 대부분이다. 하지만 이곳 마을사람들은 아이들을 낳고 기르고 그 아이들이 독립해 홀로 남는다 해도 마을에서 사람들과 이렇게 재미있게 살아간다면 외롭지 않을 것이라는 희망을 갖는다.

성미산마을과 삼각산재미난마을은 공동육아 어린이집을 함께 만들어간 사람들이 중심에 있었다. 그들이 잘 닦아놓은 교육·문화·생활 기반에 또 다른 사람들이 마을에 합류하면서 마을이 활력을 얻었다. 이곳에서 자란 아이들이 크면서 청소년·청년·어른이 되고, 또다시 아이들이 마을에서 청년으로 커간다. 그러면서 작은 섬으로만 이루어졌던 마을살이의 규모와 면적이 확대되고 마을은 큰 섬을 이루었다.

시민사회단체의 마을공동체 만들기

이 두 마을과 달리 시민사회단체가 마을을 만들어간 사례도 있다. 이들 또한 마을이 일터이자 배움터이자 놀이터로서 마을사람들의 생활터전이 되기를 꿈꾸며 활동을 이어왔다. 동작희망네트가 중심이 된 상도동 성대골, 도봉구 도봉마을 네트워크, 영등포마을공동체 네트워크, 마을공동체 '품애'라는 마을 일꾼들이 일군 종로구 효자동이 그 예다.

성대골은 상도3동과 상도4동에 걸쳐 있는 마을의 이름이다. 이마을이 꿈틀대기 시작한 것은 2004년 3월 주민들이 협동조합 형태의 '마을 오지라퍼들의 모임'을 만든 후 부터다. 이 모임은 상도동 주민이 주축이 되어 지역 활동을 펼치는 '희망나눔동작네트워크(희망동네)'의 기원이 되었다. 이들은 마을에서 사람들이 필요한 일을 끌어내고 직접 만들어내는 역할을 한다. 사람들과 함께 마을공동체를 꾸려가는 사람들이다. 성대골에서 가장 자랑스러워하는 어린이도서관도 이 사람들이 동분서주하며 부산을 떤 결과물이다. 2010년 10월에 문을 연 어린이도서관은 마을의 아이, 어른 할 것 없이 주머니에서, 돼지저금통에서 꺼낸 비자금으로 세워진 소중한 곳이다.

성대골은 에너지 자립마을을 이뤄가기 위한 절전소 프로젝트를 가동 중이다. 에너지지킴이들이 계속 늘어나고 있으며 집에서, 학교에서, 마을에서, 일하는 공간에서 너 나 할 것 없이 에너지절약 운동을 솔선해서 추진한다.

성대골 사람들은 협동조합 마을을 꿈꾸는 만큼 마을사람들이 공동 출자해 협동조합 방식으로 마을카페와 목공소를 운영한다. '사이시옷'이라는 마을카페는 2010년 12월에 문을 열어 마을공동체의 사랑방노릇을 한다. 동아리모임뿐 아니라 수다방으로서 마을사람들에게 없어서는 안 되는 공간이 되었다. 2011년 3월 문을 연 '성대골 별난목공소'는 마을사람들을 대상으로 목공 강습을 하거나 청소년을 대상으로 한 가구 만들기 교실도 연다. 마을에 필요한 도구를 만들기도 한다.

성대골은 마을 만들기 공사 중이다. 마을에 협동조합 거리를 조성하려는 꿈도 있다. 지난해부터 준비한 성대골 마을에너지 학교가 2013년 4월에 문을 열었다. 15명의 엄마들이 마을교사로 참여하며 이 경험을 밑바탕으로 공립형 대안학교 설립을 꿈꾸고 있다.

도봉구 지역은 시민단체의 활동이 활발한 지역으로 1998년부터 도봉사랑시민모임, 2000년에는 도봉구시민단체협의회가 만들어지면서 시민운동을 펼쳐왔다. 시민운동과 마을 환경 개선을 과제로 삼은 '도봉사람들'이 결성되면서 마을공동체 활동이 활발해졌다. 마을 주민의 자발적인 참여를 이끌어내기 위해 다양한 마을문화 동아리를 만들었고, 모임을 열 수 있는 카페와 모임방을 만들고 문화동아리를 통해 문화예술 활동을 활발하게 펼치도록 했다.

마을 주민들이 직접 만드는 마을신문 ≪도봉N≫은 마을의 소식통이다. 전문성은 떨어지지만 마을사람들이 마을의 이야기를 진솔하게 담아내는 데 그 어느 언론매체보다 뛰어나다. 2011년에는 마을이야기를 담은 『어슬렁어슬렁』이라는 책이 발간되었다. 마을 주민들이 마을을 어슬렁어슬렁 다니면서 보고 듣고 알게 된 마을 이야기를 책으로 엮은 것이다. 마을사람들이 자발적으로 마을을 만들어가기까지 아직 갈 길이 멀긴 하지만 지역의 마을운동단체가 중심이 되어 마을 주민들과 함께 열심히 마을공동체를 만들어가고 있다.

대안개발형 마을공동체, 장수마을

앞에서 본 공동체 네트워크형 마을공동체와 달리 사라질 위기에 놓인 마을을 다시 되돌려놓은 마을이 있다. 부수고 세우기보다 고쳐 살자는 의미의 대안개발형 마을공동체로 나아간 사례다. 성북구 삼선동 293번지 장수마을이다. 2004년에 삼선 4구역 주택 재개발사업 예정 지역으로 지정된 곳이다. 하지만 개발이 어렵다는 판단에 지금까지 개발 사업이 시연되었다. 그 이유는 장수마을의 지리적 특성과 주민의 어려운 경제적 사정에 있다. 장수마을은 서울 성곽 바로 밑 급경사 구릉지에 있으며, 서울 성곽과 삼군부총무당이라는 문화재가 가까이에 있어 함부로 손을 댈 수 없는 사정이 있다. 그뿐 아니다. 이곳 주민 대부분은 조합분담금을 내고 이후에 다시 이 마을에 살 수 있는 형편이 아니다. 현재 이곳에는 220가구가 살고 있으며 50년 이상 된 주택이 150여 채나 되며 무허가 주택도 많다.

　장수마을이 재개발로 술렁이기 시작한 것은 2008년 봄이었다. 재개발 설문조사를 하고 주민설명회를 열어 재개발의 현실 가능성과 효율성을 따져보면서 주민의 의견을 모았다. 그 활동의 중심에 녹색사회연구소에서 활동하던 박학룡 씨가 있었다. 그는 삼선3구역에서 10년간 살아온 토박이 주거운동 활동가였다. 재개발에 맞서 대안 개발을 모색한 것은 박학룡 씨를 비롯해 주거권네트워크, 도시연구소, 성북 나눔과 미래, 인권운동 사랑방, 한국 해비타트 사랑의 집짓기, 성북주거복지센터 활동가모임이었다. 현실성이 없다는 판단에 주민들이 동의했고 재건축이 아닌 다른 방식으로 마을을 만들어보자는 데 의견을 모았다. 2010년부터 장수마을에 대안 개발의 작은 움직임이 시작되었다. 주민 모임을 꾸리고, 빈집을 이용해 텃밭을 일구고, 마을학교를 열어 집수리교습을 하면서

〈그림 3-2〉 장수마을 동네 목수목공소에서 일하는 주민

자료: 살림이야기.

골목 디자인 사업을 기획했다. 마침 인근 한성대 예술대 회화과 미디어 디자인 학부 학생 100여 명이 20여 가구의 담벼락과 골목길, 계단에 그림을 그려 허름한 분위기의 마을에 생기를 불어넣었다.

박학룡 씨는 마을기업으로 '동네목수'라는 목공소를 열어 주민 중에서 미장이나 목공사, 건축공사 현장 유경험자를 모아 집을 고치기 시작했다. 지붕이나 화장실, 수도를 고치고, 골목에 평상을 설치했다. 마을 빈집을 고쳐 임대주택이나 마을 쉼터, 마을카페 등으로 구조 변경을 했다.

장수마을은 부숴서 다시 짓는 뉴타운건설이나 재건축만이 마을

개발의 능사가 아니라는 것을 보여준 사례다. 이는 마을에 색을 입히고 생기를 불어넣고 허름한 집을 다시 고치는 것뿐 아니라 마을 사람들이 자신이 마을의 주인임을 인식하게 하고, 마을에서 일자리를 만들어내고 배움과 놀이를 즐길 수 있게 했다.

마을공동체의 네트워크형 마을, 다양한 기능이 마을 안에서 사람들을 엮어내는 마을, 삶터인 마을에서 일하고 배우고 신명나게 노는 마을에서 사람들은 자연스럽게 공동체를 느끼고 배운다. 나를 내려놓고 다른 사람을 배려하고 함께하지 않으면 이 소중한 공동체를 이어갈 수 없다는 것을 저절로 깨닫는다.

물론 좋은 사람이나 마음 맞는 사람하고만 어울려 지내는 폐쇄적인 생활방식이 보이기도 하지만 작은 섬이 큰 섬으로 땅을 넓혀가는 모습에서 마을공동체의 진정성을 볼 수 있다. 앞서 소개한 마을들은 서울시 마을공동체 사업의 대표적인 모델이다. 마을을 새롭게 삶터로 바꿔나가는 마을이든 어떤 필요를 해결하고자 마을을 찾아와 마을 주민이 된 사람들의 마을공동체든 어떤 순서로 마을이 만들어졌는가는 중요하지 않다. 마을에 사람이 모여들어 그 사람들이 마을을 살맛나는 곳으로 만들어가는 과정에 눈을 돌려야할 것이다.

4

나눔의 공동체와 협동 운영의 경제공동체

"왜 집집마다 세탁기가 있어야 할까?"

"1년에 한 번 입을까 말까 하는 한복을 비싼 돈을 주고 사야 하나?"

"1년도 채 입지 않을 교복을 새로 사야 할까, 빌려 입어야 할까?"

"혼자 살기에 너무 좁은 원룸, 4~5명이 큰 집을 함께 빌려 공동생활을 하면 외롭지 않고 경제적이지 않을까?"

"승용차를 꼭 집집마다 사야 할까? 가까이에서 서로 나눠 탈 수는 없을까?"

누구나 한 번쯤 고민해볼 만한 일이다. 혼자하기에 버거운 일들이 우리 주위에는 참 많다. 아니 혼자하기에 효율적이지 못하고 경제적이지 못한 일들이 많다. 이런 고민을 하는 사람들이 방법을 찾아 나섰고 그래서 등장한 것이 공유경제(Sharing economy)다.

꼭 필요하지 않지만 가지고 있는 것을 다른 사람들과 함께 사용해 그 활용 가치를 높이는 일이다. 공동소유의 개념이다. 한 가지를 여러 사람이 함께 소유하지만 그 활용을 나누는 방식이다. 그래서 영어로 'sharing'으로 표현한다.

2008년 미국 하버드 법대의 로렌스 레식(Lawrence Lessig) 교수가 공유경제라는 말을 처음 시작해 전 세계로 확대되었다. 자동차 나눠 타기(Car sharing)는 공유경제의 대표적인 사례로 자동차 대여업과 또 다른 차원에서 사업적으로 성공한 예가 많다. 아이들 옷·음식·책·재능·작업 공간 등 다양한 영역에서 공유경제 실험이 이루어진다. 우리나라에도 양복이나 양장을 대여하거나, 남은 방과 공간을 이용해 여행객을 위한 게스트 하우스로 대여하는 사례가 등장하면서 공유경제의 영역이 확대되었다.

새로운 노동 가치로 이웃과 생활의 필요를 해결하는 품앗이공동체

우리나라 전통문화에는 이미 두레와 품앗이라는 공유경제의 모습이 있었다. 이는 우리나라의 전통적인 공동체문화이기도 하다.

두레는 마을 공동의 노동조직이다. 농번기에 마을사람들이 의무적으로 공동노동을 하는 작업공동체로 주로 일 년 중 농사일이 바쁠 때 행해진다. 품앗이는 품(노동력)을 앗이(주다, 갚다, 교환하다)한다는 의미로, 노동을 교환하는 방식을 말한다. 두레가 마을 전체 단위로 의무적으로 만들어지는 집단 공동 노동조직인 반면 품앗이는 가까운 이웃끼리 소규모로 이루어진다. 일대일 관계로 노동력을 주고받는 방식인데, 노동의 가치가 평등하다는 기본 전제가 있다. 개인적 교분으로 맺어진 사람끼리 상호부조의 의미도 있다.

현대에 와서는 노동력의 가격이 정해지거나 노동의 가치에 차등을 두려는 문화가 강해져 전통적인 상호부조 의미의 품앗이가 다른 모습으로 나타났다. 특히 농촌의 농업노동이 부족해지면서 서로 도와주며 품을 교환하던 옛 모습보다는 시간당 노동력의 가치를 계산해 품삯을 지불하는 방식으로 이루어진다. 오늘날 도시의 소규모 모임에서도 생활도구와 재능을 함께 나누는 품앗이가 행해진다. 그 방식이 옛 농촌의 촌락공동체에서 이루어지던 것과 다르긴 하지만 노동의 가치가 평등하다는 기본 전제는 같다. 오늘날의 품앗이에서는 똑같이 시간을 단위로 계산해 지역화폐로 지불하는 방식을 활용한다.

교육 품앗이는 품앗이 활동의 작은 공동체적 실험이다. 또래 아이들을 둔 부모들이 모여 프로그램을 짜고 직접 교사로 나선다. 보육기능노 남낭하나. 어떤 재능이라 하더라도 '필요'를 충족하는 것이라면 그 가치는 똑같다는 생각으로 재능 품을 서로 주고받는다.

과천의 품앗이공동체는 지역주민과 지역화폐를 도구로 생활재와 재능을 나누는 활동을 한다. 정기적으로 품앗이 만찬을 열어 회원들이 모여 회의도 하고 서로 음식을 나눠 먹고 반짝 벼룩시장도 연다.

주로 온라인에서 거래를 하기 때문에 한 공간에서 얼굴을 대하는 일이 빈번하지는 않지만 지역의 행사에 함께 참여하고, 서로 필요한 재능을 나누며 사용하지 않는 물건을 권하고 구하는 활동을 통해 지역주민 간의 관계를 더욱 돈독히 한다.

품앗이공동체에 들어오면 사람들은 그 지역을 떠나지 못한다. 이웃 사람들과 나누는 따뜻한 정, 활발한 생활 나눔으로 다른 곳으로 이사를 갔을 때 떠돌이 같은 느낌을 다시는 받고 싶어 하지 않는다. 그래서 품앗이공동체는 이탈하는 사람이 많지 않다.

품앗이 공동체는 각각 자신이 소유한 생활재와 재능을 공동의 소유로 삼는다. 그것을 일대일 교환방식으로 자신의 필요에 따라 나눈다. 일대일 관계에서 개별적으로 이루어지는 품앗이 활동은 교환방식의 한계가 있지만 마을과 마을, 이웃이라는 관계에서 공동체적 성격을 갖는다. 공동의 생활터전에서 함께 사용할 화폐를 만들어 품앗이만의 기준으로 거래를 한다. 새로운 개념의 노동 가치를 만들어 공동의 필요를 해결한다. 이러한 활동이 사람과 이웃 관계를 더욱 밀착하게 하고 자신이 살고 있는 지역과 마을에 대한 애정을 더욱 강하게 갖게 한다.

아파트라는 생활터전에서 지속적으로 되살림 장터를 열어 국내 외 어려운 이웃을 돌보는 공유와 나눔의 생활공동체가 있다. 송파 구 잠실4동 파크리오아파트 주민들의 모임 '파크리오맘'이다.

1만 3,000여 명의 회원이 온라인 카페에서 생활재와 정보, 재능 을 나누며 활발한 공동체 활동을 한다. 2008년 6월 온라인 카페를 개설하면서 시작한 이 모임은 그 규모와 활동이 꾸준히 확대되어 각각 특유의 주제로 소모임을 꾸리기도 한다. 이들 활동의 특징은 기부에 있다. 물품 교환, 배송, 재능 기부 등 모든 활동에 따른 수고 비의 일부를 기부한다. 가까운 공원에서 일 년에 두 차례 '나눔 벼 룩시장'을 열어 참가비와 판매액의 10% 이상을 기부금으로 모은 다. 이 기부금으로 아프리카의 탄자니아와 모잠비크 아이들에게 우물을 선물하거나 지역의 복지센터에 후원한다.

'파크리오맘' 활동은 온·오프라인 모든 장에서 이루어진다. 다 양한 소모임까지 가지치기를 하면서 활동의 폭이 넓어졌고, 교육 이나 보육 품앗이, 복지활동 등 작은 공동체들이 파크리오 맘 주위 에서 확대되었다. 이사 갔던 사람들이 다시 돌아오기도 한다니 생 활공동체의 마력이 대단하다.

협업으로 소득과 일자리를 얻는 경제공동체

성미산마을에는 '비누두레'가 있다. 천연재료로 만드는 수제비누 사업체다. 어느 날 평소에 수제 비누를 만들어 사용해오던 두 사람이 "아토피 피부염이 있는 아이들에게도 좋고 화학재료가 전혀 없는 비누를 만들어 사업을 하는 것이 어떨까"하며 얘기를 나누다가 덜컥 일을 벌였다. 주택 반지하 방을 얻어 공장을 차리고 비누를 만들기 시작했다. 공동육아를 하면서 마을공동체 활동을 열심히 해온 두 사람은 '비누두레'라는 일공동체를 만들었고, 만든 비누를 두레생협 매장에서 판매하기 시작했다. 지금 '비누두레'는 일공동체 사업체로 자리 잡았다.

이처럼 마음 맞는 사람들이 모여 사업을 함께 꾸리는 예가 많다. 단순한 동업의 수준이 아니라 공동으로 출자해 공동으로 운영하는 협동운영 방식의 경제공동체다. 「협동조합기본법」 시행 이후에는 협동조합으로 전환하거나 안전행정부의 마을기업에 신청해 선정되어 마을 주민들의 경제공동체로 운영되는 경우가 많다.

봉사활동이 협동사업체로 바뀌어간 사례도 있다. 성동구 성수동의 '희망찬가게'는 독거노인들에게 반찬을 만들어 나누는 활동을 하던 '성동희망나눔' 자원봉사자들이 반찬 만드는 실력을 발휘해 세운 반찬가게다. 이는 안전행정부의 마을기업에 선정되어

<그림 4-1> 성수동 희망찬가게

자료: 서울시 마을공동체종합지원센터.

2012년 6월에 문을 열었다. '사랑의 반찬나누기 1004 운동'을 하던 자원봉사자들은 먹을거리로 봉사도 하고, 일자리도 만들고, 주말 농장에서 농사지은 것으로 음식을 만들어 팔면 좋겠다는 생각을 했다. 마침 마을기업 프로젝트를 알게 되어 이를 계기로 마을기업 '희망찬가게'를 시작했다. '희망찬가게'로 사업체를 꾸린 사람들과 함께 반찬나누기 운동을 계속 해오던 '밥상공동체' 사람들이 '희망두부 전문음식점'도 냈다. 지역의 어르신들이 '희망온돌 사업'으로 공나물 기우기와 두부 만들기를 해온 솜씨를 발휘해 두부를 만들어 판매했고, 이 두부를 '희망찬가게'의 반찬으로, 그 반찬을 밥상공동체에서 어르신들에게 제공해왔는데 그것을 음식점으로 만든 것이다.

각자 뛰어난 재능을 발휘해 사업에서 소득을 올리는 일은 누구에게나 가슴 설레는 일이다. 꼭 돈을 벌자고 시작한 일은 아니지만 자신의 일이 경제적 소득으로 표현되는 것에 많은 사람이 감동한다. 특히 부분적으로 경제활동을 해온 여성에게는 그 느낌이 더 강하게 다가간다.

2013년 7월 만들어진 '아이사랑생명학교협동조합'은 협동조합이면서 서울시 마을공동체기업으로 선정된 어린이집이다. 한살림 활동을 10년 넘게 해온 5명의 보육교사와 후원 조합원을 포함한 17명이 어린이집 사업을 시작했다. 한살림서울은 조합원들이 모여 협동사업체를 만들 경우 설립과 운영에 관해 컨설팅을 비롯한 유통망을 연결하는 지원역할을 하고 '아이사랑생명학교' 이사회에 법인조합원 자격으로 참여해 긴밀한 관계를 이어간다. 한살림에서 돌봄 활동의 영역을 경제공동체 영역으로 확장해간 사례다.

'아이사랑생명학교'는 돌봄 활동의 사업화라는 점과 협동조합운영 방식을 도입한 새로운 시도라는 점에서 주목을 받는다. 오랫동안 생협 활동을 해온 사람들이 새로운 일자리를 만들어내 나이가

들어도 일을 할 수 있는 계기를 마련했다는 점에서도 높이 평가할
만하다.

마을이 필요한 돈을 마을이 마련한다

　협업을 통해 소득을 올리고 일자리를 만들어내는 일공동체 외
에도 필요한 자금을 스스로 만들어내는 공동체가 있다. 가장 많이
알려진 예로 동자동 쪽방촌 공제협동조합이 있다. 자활기관에서
는 이미 자활 공제 사업이라는 공제협동조합을 오랫동안 운영해왔
다. 쪽방촌 공제협동조합은 그보다는 규모가 작지만 함께 살아가
는 사람이 스스로 자신의 안정된 생활을 찾아가는 자구책으로 등
장했다.

　'사랑방마을 공제협동조합'은 서울 용산구 동자동 쪽방촌 사람
들의 허브역할을 하는 은행이다. 이름은 협동조합이지만 법적으
로 전혀 보호받지 못하는 주민들의 자치공동체다. 사랑방마을공
제협동조합 사무실 앞에는 조합 현황을 자세히 기록한 안내판이
크게 걸려 있다.

조합원 수 : 352명(2013년 6월 말 기준)

출자 금액 : 65,645,090원

대출 건수 : 322건

대출 금액 : 68,865,000원(상환율 70.8%)

이 안내판을 보면 공제협동조합의 규모와 사업 상황을 잘 알 수 있다.

공제협동조합은 2011년 기초생활수급자들이 많은 이곳 주민들이 갑자기 아프면 약이라도 사먹자는 생각으로 푼돈을 모아 개설한 '마을은행'이다.

동자동 쪽방촌은 창문도 없는 1평 규모의 방에서 1,000여 명이 사는 마을이다. 2011년에 공제협동조합이 만들어졌지만 1,000명의 주민 중 352명만이 조합원으로 가입했다. 매달 5,000원에서 1만원을 출자하는데, 대개 아플 때나 먹을 것이 떨어졌을 때 대출을 받는다. 상환율이 낮지 않아 운영이 안정적이지만 출자금보다 대출금이 훨씬 많은 것이 특징이다.

사람이 살아가는 데 돈은 참으로 예민한 부분이다. 특히 먹고 사는 것이 불안정한 사람들에게는 제도나 일반 금융기관이 가혹하게 다가온다. 적은 돈이지만 사람들이 함께 스스로 해결하는 경제공동체인 공제협동조합은 이들에게 삶의 허브가 된다.

마을에서 필요한 일을 할 때 필요한 자금을 미리 모아 시의 적절하게 써보자는 생각으로 만들어진 금융공동체가 있다. 성미산마을의 대동계와 동네금고다. 대동계는 친목 도모와 상호부조를 위해 몇 사람이 시작한 계모임이다. 하지만 사람들이 더 모이고 돈이 모이면서 마을의 금융기관 노릇을 하게 되었다. 돈이 필요한 계원에게 대출도 하고, 중요한 마을 행사에 부조금을 내고 마을공동체 사업에 출자도 한다. 2011년에는 '동네금고'를 만드는 데 1,500만 원의 예치금을 내놓기도 했다.

대동계가 작은 규모의 친목계 형태라면 동네금고는 어엿한 금융공동체로 시작했다. 동네금고가 필요하다는 이야기는 마을기업에서 먼저 나왔다. 마을기업의 자금 회전을 위해서 마을에 금고가 있었으면 좋겠다는 얘기였다. 이후 '동네금고'라는 아이디어가 나왔고, 2011년에 마을은행 '동네금고'를 설립했다. 동네금고는 가입 회원들이 자신의 사정에 맞게 가능한 규모로 적금을 붓고 매월 900만 원 정도의 돈이 쌓이면 자금이 필요한 회원에게 대출을 해주는 방식으로 운영된다. 저금 이자는 없고 대출 이자는 2%다. 적금이 만기에 이르면 회원들은 다시 예치를 해 유동자금을 키워간다.

이러한 마을은행은 법적으로 아무런 보호를 받을 수 없는 개인적인 '계'의 형태를 띤다. 공동체 사람들의 믿음으로 운영되며 마을공동체에 활기를 불어넣는 매개 역할을 톡톡히 해낸다.

경제공동체는 사업체를 통해 숨겨진 재능을 발휘하고 인정받음으로써 경제적 성과를 내는 활동을 한다. 하지만 협업을 통한 일의 성취를 잘 이해하지 못하거나 사업 경영의 미숙함으로 운영상의 어려움을 겪기도 한다. 그런 어려움이 있지만 서로 자금을 모아 창업을 하고 협동해 운영하는 일공동체는 일하는 사람이 존중받고 일의 가치를 인정받으며 사회적 공헌의 보람과 일의 성취감을 느끼게 해준다는 점에서 사람들에게 매력적으로 다가온다. 살림살이의 어려움과 실업의 고통, 사회로부터의 소외감, 생산적인 삶에 대한 기대를 사람들은 마음 맞는 다른 사람들과 함께 경제공동체를 통해 해결하고 싶어 한다. 협동조합이 급속하게 확대되고 마을기업 신청이 증가하는 현상은 공동체를 통해 경제적 문제를 해결하고자 하는 사람들이 늘고 있다는 증거다.

5

/

문화예술공동체

사람들은 살아가는 데 먹고, 입고, 자는 것 외에 노는 것이 꼭 필요하다고 말한다. 배부른 사람들이나 하는 소리가 아니다. 2012년 서울연구원에서 실시한 '마을문화 활동에 대한 시민인식 조사'에서 '시민들은 살아가는 데 문화와 예술, 여가가 중요한 요소라고 인지'하는 것으로 나타났다.[1] 대다수가 영화, 공연, 전시 관람과 같은 문화생활을 누리고, 문화 관련 동호회 활동이나 그림과 연극을 배우는 것에 관심이 있었다. 문화 활동에 대한 관심이 높고 실제로 누리고 있는 사람들은 자신이 살고 있는 마을이나 지역에 더 애착을 갖는다.

조사결과에 따르면 문화예술 활동에 참여하는 사람들은 지역에 소속감을 느끼고 이사를 가지 않고 계속 살고 싶어 하며, 이웃에 대한 진밀감과 신뢰가 문화예술 활동에 참여하지 않은 사람보다 월등히 높은 것으로 나타났다. 그만큼 사람들이 살고 있는 곳에서 문화예술에 대한 갈증을 해소하고 싶어 하며, 그것을 통해 삶의 안정을 찾는다는 것을 알 수 있다.

성미산마을이나 삼각산재미난마을, 장수마을 등의 마을공동체가 만들어지고 유지되게 하는 윤활유는 공연장과 목공실, 연극단과 밴드 등의 문화예술 활동과 그 공간이었다. 함께하는 사람들의 공동 작업이 공동체의 생명수 역할을 하는 것이다. 그 한 예로 송파구 문정동의 밴드 '함께 웃는 마을공동체 즐거운가'가 있다.

'함께 웃는 마을공동체 즐거운가'

'함께 웃는 마을공동체 즐거운가'는 청소년에게 마을의 소중함과 어른에 대한 믿음, 세상에 대한 희망을 주는 문화공동체다. 이는 개발 예정지로 지정된 문정동 비닐하우스 촌의 '송파 꿈나무학교 공부방'에서 시작되었다. 비닐하우스 촌에서 가난하게 자라온 초등학생들로 이루어진 '송파 꿈나무학교 공부방'이 '무지개빛청개구리 지역아동센터'를 거쳐 중고등부 청소년들로 이루어진 '함께 웃는 마을공동체 즐거운가'로 이어졌다. 가난 때문에 부모의 돌봄을 받지 못하는 청소년들에게 세상살이의 윤활유를 보태주고 싶다는 생각을 한 사람은 공부방을 꾸려온 이윤복 선생님이다. '고장난 기타와 폐타이어면 어떠냐'라며 밴드부를 만들어보자고 제안한 것이다. 그렇게 시작한 밴드 활동으로 어엿한 연습 공간 '함께 웃는 마을공동체 즐거운가'를 마련했고, 어른들의 밴드까지 합류해 마을의 문화예술단으로 자리 잡았다. 마을 주민들의 도움으로 그럴듯한 연습장을 마련했고, 그 안에 카페와 도서관 수면실, 영화관, 댄스연습실, 탁구장, 공연무대, 암벽등반, 객석, 다락방, 샤워실, 식당, 사무실 등 15가지가 넘는 기능 공간을 마련했다. 그동안 목말라했던 것을 60평 규모의 공간에 전부 쏟아놓은 듯하다. 이 공간은 청소년 공간이기보다 마을의 문화예술 공간이다. 마을의 아줌마 밴드, 직장인 밴드, 마을 청년 밴드 등 다양한 문화 공동체의 참여로 마을의 문화 공간 역할을 제대로 한다. 각자의 소박한 꿈을 공동의 꿈으로 만들었고, 그것을 공동의 힘으로 실현했다. 문화공동체의 위력이 돋보인다.

봉제마을 창신동의 문화 공동체 '뭐든지'

모든 세대를 아우르는 문화공동체 '뭐든지'도 '함께 웃는 마을공동체 즐기운기'처럼 이러운 환경에서 삶을 새롭게 만들어가는 사람들의 공동체다. '뭐든지'는 서울 종로구 창신동의 어린이, 청소년, 어른이 함께 운영위원으로 참여하는 다세대 문화공동체다. 창신동은 의류제조업체들이 모여 있는 봉제마을이다. 이곳 주민은 봉제공장에서 일하는 어른과 일을 하느라 제대로 돌보지 못한 아이들, 의류 제조와 관련해 일하는 다양한 사람이 모여 사는 곳이다. 이곳에 마을공동체가 생겨났다. 이곳에는 이미 '창신마을넷'이라는 창신동 마을공동체가 있었다. 여기서 봉제마을의 문제를 의논하고 마을의 문화 커뮤니티공간을 만들자는 이야기가 나와 '뭐든지'가 탄생했다. 2012년 12월 16일에 문을 연 '뭐든지'는 작은 마을도서관으로 시작했다. 책은 기부를 받고 자원봉사와 재정 후원, 마을사서의 재능 기부로 운영되었다. 시작은 마을도서관이었지만 마을의 사랑방 역할을 하는 문화 공간 역할도 한다. 부모나 마을 청소년의 작은 모임이 이루어지고, 다양한 배울 거리로 마을 주민을 위한 배움터를 열기도 한다.

마을 주민이 '뭐든지'에 애착을 느끼는 이유는 처음부터 주민의 손으로 꾸미고 만들었기 때문이다. 공간을 마련하고 나서 주민들이 직접 페인트칠과 바닥공사를 하고, 필요한 물건을 직접 가져와 배치하는 등 주민들의 손때가 묻어난 마을 커뮤니티 공간이다.

'뭐든지'는 주민들이 원하는 것은 '뭐든지' 하는 열린 공간이다.

누구나 이곳에서 책을 읽을 수 있고, 책을 매개로 토론회도 열고, 마을청소년 '빈'이 운영하는 작은 카페에서 간식과 코코아, 커피를 마실 수 있다. 책 대여는 기본이고, 다양한 책읽기 프로그램이 진행되며 부모들의 활동공간으로도 활용된다.

'뭐든지'에서 가장 눈에 띄는 점은 나이를 불문하고 모두 운영위원으로 참여한다는 점이다. 개관식에서도 어린이들과 청소년들이 직접 진행을 하는 모습은 '뭐든지'가 어떤 곳이고 뭘 하려고 하는지를 잘 나타내준다.

2013년 8월 25일에는 창신동 주민들을 위한 문화예술교육공간인 '뭐든지 예술학교'가 문을 열었다. 1925년에 우리나라 최초로 배우학교가 세워진 마을답게 문화예술의 기운이 어느 지역보다 넘쳐난다. 이미 창신동의 역사와 문화를 탐방하는 어린이 프로그램이 진행되고 있고, '뭐든지' 공간에서 매달 야식과 함께하는 심야극장도 열린다. 그뿐 아니라 작은 연주회인 '달공연'의 인기도 높다. 이 모든 활동이 예술학교를 통해 펼쳐진다.

예술인과 시장상인들의 문화공동체, 금천구 '남문시장'

공동체 안에서 문화예술의 끼를 함께 나누는 작은 공동체가 이

구어지는 깃과 달리 문화예술인들이 띠 을에 들어가 마을 문화공동체를 만들어간 예도 있다.

'신나는 문화학교 자바르떼'와 금천구 독산본동 남문시장 사람들과의 만남이 그 한 예다. '신나는 문화학교 자바르떼'는 2004년 소외계층을 위한 '찾아가는 문화예술교육 프로젝트'의 일환으로 '신나는 문화학교'라는 사업을 시작했다. 이 단체는 일과 예술의 결합을 뜻하는 말인 '자바르떼'에서 알 수 있듯이 새로운 방식의 문화예술 일자리를 만들어보겠다는 의도로 만들어졌다. 이들은 2010년 11월 금천지역에 들어갔다. 마침 문화체육관광부에서 지원하는 시범사업을 알게 되어 남문시장 상인조합과 함께 일을 시작했다. 일명 '문전성시 프로젝트'다. 문화를 통해 전통시장을 활성화하는 시범사업이었다. 시장상인들을 위해 문화프로그램을 기획하고 체험의 기회를 제공하는 일이었다. 처음에 시장상인들은 '문화는 배부른 사람들의 놀이'라는 배타적인 반응을 보였다. 하지만 풍물패 활동이나 미술과 노래 동아리 활동을 통해 "장사를 하면서 쌓이는 피로를 이렇게 풀 수 있구나" 하는 긍정적인 반응을 보이기 시작했다. 자신의 생활과 삶을 다시 보는 계기가 되었다. 문화예술을 사업과 연계하는 활동도 상인들의 좋은 호응을 이끌어냈다. 일명 '예생네트워크' 프로젝트다. 두부에 글자를 새기고, 상품의 포장지를 직접 만들어 상인의 감각과 철학을 상품에 담아내는 일이다.

얼마 되지 않지만 가방이나 옷을 만들어 전시하기도 했다.

공단 노동자와 예술인이 만들어낸 '문래동 문화예술 창작공동체'

문래예술공단은 철공소가 줄지어 있는 문래동에 예술인이 들어가 새롭게 형성한 문화공동체다. 문래예술공단은 금속공업지역이었던 문래동 철공소 단지가 불황을 겪으면서 빈집이 생기자 이곳에 예술인들이 들어오기 시작하면서 자연스럽게 형성되었다. 저렴한 집이 많다는 소문이 나면서 이제 80여 개의 창작실과 200여 명의 예술가들이 모여 산다. 개인 작업이 많은 문화예술 분야라 모여 있어도 흩어져 있는 개인의 집합에 불과했다. 하지만 문화예술가들이 모여들면서 자연스럽게 월례 반상회가 열렸고, 필요한 정보를 나누거나 공동의 작업을 만들어내기도 한다. 지역아동센터나 초등학교 어린이에게 문화예술교육을 하기도 하고, 마을에서 벽화작업을 하기도 하고, 주말에 영화를 상영하거나 철공소 노동자와 주민, 예술가들이 함께 만든 작품으로 공동전시를 하기도 한다. 옥상 텃밭농사를 통해 자연스럽게 마을사람들의 교감을 넓혀가기도 한다.

철공소와 예술이 어떻게 결합할 수 있을지 의문을 갖는 사람이

않나. 이곳의 예술인들은 창작을 한다는 공통분모가 있다고 말한다. 마을 안에서 함께 살아가고 필요한 것을 서로 해결할 수 있는 기회가 아주 많다는 것이다. 예술인들의 개인 창작실이 모여 하나의 마을을 형성했고, 마을 주민, 상인, 또 다른 창작인인 철공소·목공소 노동자들의 색다른 문화예술창작 공동체가 형성되었다. 아침에는 상인들과 철공소 노동자들의 작업이 이루어지고 저녁부터 예술인들의 창작이 이루어지는 특별하고 색다른 마을이다. 문화예술이 공동체의 윤활유이면서 그 자체가 문화예술 공동체 역할을 해 마을과 사람들을 촘촘히 엮어내고 바꿔나간다.

문화예술인들은 '따로 또 같이'라는 말대로 개인적 재능을 기본으로 하지만 집단 창작이라는 공통된 특징도 갖는다. 공연, 연극, 연주 등 공동 작업이 많은 분야라 공동체적 속성이 내재해 있다. 곳곳에 자신의 악기를 가져와 작은 동아리를 만들어 연습하고 공연을 하는 사람들, 마을의 벽화를 함께 디자인하고 만들어내는 사람들, 대본을 쓰고 연출하고 연기를 하는 사람들의 연극모임이 많다. 자연스럽게 공동체를 형성하고 그 문화를 배워가는 사람들이다. 이들이 마을에서 또 다른 공동체를 형성하고 이끌어나가는 데 윤활유 역할을 하는 것이다.

6

에너지 자립마을공동체

도심형 에너지 자립마을, 십자성마을과 성대골마을

강동구 천호동 십자성마을은 마을을 찾아오는 사람들로 북적댄다. 주로 교복 입은 중고생들이지만 이곳 주민이 아닌 일반 사람들도 자주 찾는 곳이다. 이곳은 2012년 서울시 에너지 자립마을 관광 코스로도 지정된 마을이다. 마을 입구에 있는 풍력발전기 가로등을 통해 이 마을이 어떤 마을인지 짐작할 수 있다.

십자성마을은 1974년 베트남전쟁에 참전한 사람들이 정착한 곳으로 40년 가까이 된 마을이다. 칠순을 넘긴 어르신들과 미망인 가족들이 마을의 중심을 이룬다.

십자성마을은 2012년 8월 서울시 에너지 자립마을로 선정되었고, 동시에 관광고스로 지정되이 서울을 찾는 사람들이나 학생들에게 견학이나 체험 장소가 되었다. 이곳 마을회관은 에너지 절전소와 환경교육장 역할을 한다. 에너지 자립마을 홍보관인 셈이다. 마을회관 벽면에는 에너지 자립마을 절전소 현황판이 가득 붙어 있고, 총 46가구의 지난해 전기 사용량과 올해 사용량을 비교해놓은 그래프가 그려져 있다. 마을사람들은 25%의 에너지 자립을 목표로 태양광 발전기를 설치하고 일상적으로 에너지 절약을 실천한다. 태양광시설은 50% 자부담과 시 지원으로 설치하는데, 13가구나 신청했다. 일상적으로는 전기밥솥 보온기능 안 쓰기, 멀티탭 쓰기, 전기제품 플러그 뽑기 등 에너지를 아낄 수 있는 것이라면 뭐든지 실천한다.

동작구 성대골마을도 서울시 에너지 자립마을로 지정된 곳이다. 성대골마을에는 베란다 태양광, LED 가로등이 설치된 에너지 특화거리, 에너지 체험놀이기구가 있는 도화공원, 태양광 발전소와 LED 체험관이 있는 도화주차장 등이 있어 마을 곳곳에서 에너지 생산이 이루어진다.

2012년에는 주민들이 힘을 모아 에너지 카페 '해바라기'를 열었다. 태양열 집열판과 자전거 발전기를 이용해 전기를 만들어 커피도 내리고 솜사탕도 만들고, 계란도 굽고 요리도 한다. 나아가 직접 만든 전기로 음악도 틀고 전등도 켠다. 에너지 카페 '해바라기'

<표 6-1> 에너지 자립마을로 선정된 마을과 사업(2012년, 2013년)

2012년 선정사업					
	사업명	자치구	세부사업 1	세부사업 2	세부사업 3	세부사업 4
1	돋을별마을 만들기	성북구	돋을모임 구성	에너지절약 실천활동 추진	에너지 자립비전 세우기	에너지 진단사업
2	아름다운 숲속마을 에너지 자립 실천사업	도봉구	에너지 절약 주민모임 결성 및 활동	에너지절약 아이디어 공모 및 에너지 절약왕 선발	에너지 자립마을 사례공유 통한 에너지 자립목표 설정 추진	
3	아이들과 함께하는 에코마을	도봉구	주부 소모임 에코맘 구성	가정 및 마을의 에너지 절약 실천운동 추진		
4	기후변화 대응을 위한 금천형 마을 만들기	금천구	에너지 사랑방(모델하우스)조성프로그램 운영			
5	성대골 절전소, 에너지 자립을 꿈꾸다	동작구	에너지 진단	단열개선	워크숍 진행	
6	주민참여 공동주택 에너지 절약 실천방안	강동구	아파트 에너지 절약 5개년 계획 추진	에너지 절약 및 이용효율화 사업교육	세대별 LED 등기구 시범보급 사업추진	
7	십자성마을의 에너지 절약생산실천을 통한 에너지 자립실현	강동구	추진단 구성	가구별 에너지 진단	십자성 절전소 운영	노후주택 BRP사업 추진

	사업명	자치구	세부사업 1	세부사업 2	세부사업 3	세부사업 4
			2013년 선정사업			
1	주민과 함께 소통하는 에너지 절약 마을 만들기	구로구	주민 간 마음 소통하기	에너지 교육, 에너지 절약 배우기	에너지 체험하며 소통	
2	긴 고랑 에너지 자립마을 만들기	광진구	긴 고랑 에너지 자립마을 사업추진단 구성/운영	에너지절약을 선도하는 그린리더 활동	절전형 녹색장터 운영	
3	함께하는 에너지 사랑, 행복한 아파트 만들기 사업	동대문구	에너지 자립마을 기반조성	에너지사용 효율화	주민공동체 활성화	
4	에너지 자립 산골마을 만들기	은평구	에너지 클리닉	에너지 농부학교	에너지 텃밭축제	

자료: 서울시 마을공동체종합지원센터.

는 서울시로부터 에너지 자립마을공동체 활성화 정책 지원으로 받은 1,000만 원과 주민 모금 400만 원으로 2톤 트럭에 자리를 잡았다. 트럭을 이용한 것은 도시에서도 에너지 자립이 가능하다는 것을 홍보하기 위해서였다. 2013년에는 주민들이 주택 단열 개선팀을 꾸려 노후주택 단열공사를 하는 등 마을의 에너지 자립 사업이 본격적으로 진행되었다.

서울시에는 십자성마을과 성대골마을 같은 에너지 자립마을이 총 7곳 있다. 앞의 두 마을 이외에 금천구의 새재미마을, 강동구의 등촌 한솔솔파크, 도봉구의 방학 우성 2차아파트, 도봉구의 방아골마을, 성북구의 돋을별마을이다. 이 마을들은 2012년 '에너지 자립마을 조성'을 위한 지원 사업에 선정된 곳이다. 이 중 세계적인 도심형 에너지 자립마을로 조성해 관광명소로 만들 계획하에 서울시 관광코스로 개방되는 곳을 두 군데 지정했는데, 그 마을이 성대골과 십자성마을이다.

에너지 자립마을 조성과 관련해 2008년에 나온 정부의 정책이 녹색마을 조성 시범사업이었다. 하지만 성과를 거두지 못하고 사그라졌다. 주민 공감대를 얻지 못하고 사업을 무리하게 진행한 탓이다. 사업기간이 2년에 불과했고, 단기 실적 위주로 진행하다 보니 일방적인 정책 밀어붙이기로 끝나버렸다.

에너지 자립은 민관 협력이 필요한 부분이다. 장기적으로 볼 때 행정기관이 과도하게 사업을 주도하거나 에너지 정책을 갑자기 바꾸는 것으로는 에너지 자립을 달성하기 어렵다. 재생 가능 에너지 생산과 관련된 발전차액지원제도(FIT)도 마찬가지다. 발전차액지원제도는 태양광을 신재생에너지로 이용한 전력 생산량에 대해 기준 가격과 전력거래간격 간의 차액을 지원하는 제도다. 협동조합이나 단체가 태양광발전소를 설립한 후 전기를 생산하면 이 제도를 활용해 높은 가격으로 한전에 판매할 수 있다. 그러나 2012년에 이 제도가 폐지되었다. 대신 '신재생에너지 공급 의무화제도(RPS)'

를 도입해 대규모 발전사업체에 전기생산량의 2%를 신재생에너지로 사용하도록 의무화한 것이다. 이렇게 되면 태양광발전소의 자립이 어려워질 수 있다. 나아가 출자자 배당도 사실상 어려워진다.

에너지 자립마을은 마을사람들의 노력만으로는 오래 지속되기 어렵다. 에너지절약을 일상적으로 실천하는 것은 한마음으로 뭉친 마을사람들의 의지가 있어야 가능하다. 하지만 에너지 자급력을 높이고 자립에서 생산으로 나아가기 위해서는 국가 차원의 지원제도가 필요하다. 신재생에너지를 이용한 전력 생산이 일반화되어 있지 않은 상태에서 마을사람들이 감당하기에는 비용 면에서 무리가 많다. 한두 해에 끝날 수 없는 사업이기에 지속적인 지원이 뒷받침되어야 한다. 이를 위해서는 폐지된 발전차액지원제도를 부활시키고 신재생에너지를 사용해 에너지를 생산하는 민간 차원의 노력과 아이디어를 적극 정책에 반영해 확산시켜야 하는데, 이는 정부가 나서야 한다.

그런 의미에서 독일 프라이부르크 보봉마을은 마을사람들의 협력과 지자체의 에너지 자립 의지가 얼마나 중요한지를 잘 보여주는 사례다.

독일의 에너지 자립마을공동체: 프라이부르크 보봉마을

'1922년 독일 환경수도로 선정된 에너지 자립 도시'

'1인당 태양광발전장치 시설 수가 독일에서 가장 많은 도시'

'1만 여 명이 환경산업 일터 1,500개소에서 500만 유로의 가치를
만들어내는 곳'

'독일 전역에서 사용하는 태양광 모듈 25%를 생산하는 도시'

태양의 도시로 유명한 독일의 프라이부르크를 나타내는 수식어
다. 독일 남서부에 있는 인구 20만 명의 작은 도시 프라이부르크는
1980년대부터 일찍이 핵에너지에서 벗어나 태양에너지를 도시 생
활의 에너지원으로 사용하기 시작한 세계적으로 유일한 곳이다.

1992년부터 프라이부르크는 공공건물이나 시가 대여 매각하는
토지에 건축되는 모든 건물에 저에너지 건축만을 허가했다. 1996
년부터는 에너지 절약형 인버터식 형광램프를 개발해 가정에 무상
공급하는 등 시 전체가 저에너지 실천의 장이 되었다. 프라이부르
크는 곳곳에 태양광 시설을 설치하고, 건물의 창을 넓게 만들어 태
양빛이 빌딩 안으로 자연스럽게 들어오도록 설계했다.

보봉마을은 에너지 자립 100%를 이뤄낸 프라이부르크의 환경
정책을 상징하는 친환경 주택단지다.[1] 보봉마을에는 5,000여 명의

〈그림 6-1〉 프라이부르크 태양광발전주택

주: 처마가 긴 것이 특징인데, 이는 여름철 햇빛가리개 역할을 한다.
자료: 해바라기카페 솜사탕(c)blankseoul(www.flickr.com).

주민이 있는데, 주민이 직접 참여해 친환경적인 삶터를 만들어가
는 건축공동체, 친환경마을공동체가 있다. 이곳 사람들은 태양에
너지를 이용하는 것을 생활의 기본으로 하며 패시브하우스(passive
house)나 잉여에너지하우스와 같은 저에너지 건축방식으로 지은
집에서 산다.

보봉마을에서는 자동차 매연을 원천적으로 없애기 위해 자동차
운행을 제한하고, 일반 가정에서 자동차를 소유하지 않거나 개인
차가 있을 경우 주거단지 입구의 주차장에 세워둔다. 마을사람들

자료: 해바라기카페 솜사탕(c)blankseoul(www.flickr.com).

은 주로 자전거를 이용하거나 2006년에 만들어진 전차를 이용해 이동한다. 생태 순환을 위해 도로 건설에 콘크리트를 사용하지 않는다.

우리나라 에너지 자립마을공동체 사업은 여전히 '에너지를 아껴 쓰자'라는 절약 운동의 성격이 강하다. 마을사람들이 가장 쉽게 참여할 수 있기 때문이기도 하다. 하지만 독일의 사례에서 보듯이 지자체의 에너지 자립에 대한 구체적 기획과 의지가 보태져야 에너지 생산이 가능한 자립도시로 나아갈 수 있다. 우리나라에서도 부분석이시만 태양광 발전과 인간 동력을 이용한 에너지 생산이 이루어져 에너지 자립마을공동체의 희망이 보인다.

7

/

평화로운 아파트공동체 찾기

한강을 넘나들면서 보면 한강 다리를 사이에 두고 사람들의 사는 모습이 다르다는 것을 느낄 수 있다. 한편에는 빽빽이 들어선 아파트촌, 다른 한편에는 나지막한 주택들이 밀집해 있는 모습이 서울의 전형적인 풍경이다.

아파트촌이 들어서기 시작한 것은 1970~1980년대. 개발 사업이 본격화되면서 건설업자들에게는 좁은 땅의 효율성을 높이기 좋은 빌딩 형태의 아파트가 최고의 개발 수단이었다. 그렇게 들어선 아파트촌에 새로운 도시가 만들어질 때마다 넓은 대지에 전시장을 차린 듯 새로운 디자인의 아파트들이 세워졌다.

이 아파트들이 사람들에게 편리하고 돈 되는 집으로 인식되기 시작했고, 아파트가 재테크 수단으로 떠오르면서 부의 상징이 되였나. 부동산 경기 침체로 아파트가 예전의 명성을 잃었지만 아직도 재산 가치이자 부의 상징으로서, 또는 사람이 사는 가장 편안한 공간으로서 인정받고 있다.

서울 시민들은 어떤 집에서 살고 있을까. 2010년 시행한 '서울 시민의 주거특성 조사'에 따르면 서울 사람들은 54.6%가 아파트에서 산다. 아파트와 유사한 연립이나 다가구 주택에는 21.7%, 단독주택에는 20.7%가 산다. 이 통계에 따르면 서울 시민 절반 이상이 아파트 생활을 한다. 연립이나 다가구주택을 포함하면 76.3%가 공동주택에 산다.[1]

이사가 잦은 서울 시민에게 아파트는 가장 편리한 주택이다. 사고파는 일이 다른 주택보다 빠르고 손쉽다. 선호하는 사람들이 그만큼 많다는 뜻이다. 또한 사람들로부터 사생활을 지키고 싶은 마음이 강한 사람들에게는 아파트만큼 안전하고 편한 공간이 없다. 그보다 더한 폐쇄성이 필요한 사람들은 오피스텔 같은 주택을 선택하기도 한다.

아파트 주민에게 이웃은 어떤 의미일까. 어디까지를 마을이라고 생각할까. 아파트촌 사람들은 단지마다 붙어 있는 'ㅇㅇ마을'이라는 이름 때문에 자연스럽게 '마을'이라는 단어에 익숙하다. 이들은 마을을 사람의 정이 오가고 온기가 느껴지는 옛 마을의 모습보다는 단지라는 울타리를 경계로 한 물리적인 공간으로 받아들인다. 마을이지만 자신을 마을사람으로 생각하지 않는다. 이웃이라고 지칭하는 사람은 같은 동에 사는 사람, 시장을 오가며 인사를 나누는 사람이다. 모두 아파트라는 지리적 경계를 기준으로 마을을 생각한다.

이런 배경에서 서울시는 아파트촌이 사람들이 오랫동안 더불어 살아가는 '마을'로 변신해가는 것을 돕고자 '아파트공동체 활성화 사업'을 시작했다.

공동체 사업을 통한 살기 좋은 아파트 만들기

2012년부터 서울시는 아파트공동체 회복을 위한 '살기 좋은 아파트 만들기 종합추진계획'을 세워 공동체 활성화 공모 사업과 이를 도울 커뮤니티 전문가를 양성하고 배치했다. 아파트에 대한 인식을 나 홀로 삶의 전형적인 공간, 편리한 거주형태의 대명사, 재테크 수단에서 정주공간으로 바꿔나가는 계획이다. 공모 사업의 내용을 보면 관리비와 에너지를 절감하는 계획을 비롯해 텃밭을 가꾸거나 친환경농산물 직거래를 추진하거나 도서관이나 카페 등 문화와 교육이 어우러지는 아파트를 만드는 것, 돌봄 활동을 통해 나눔이 있는 아파트로 바꿔나가는 것 등 다양한 분야에서 아파트촌을 미 을공동체로 바꿔나가려는 계획을 확인할 수 있다.

서초구의 사례를 보면 서초구 주민의 60% 이상이 아파트 생활을 하는데, 이들은 여러 곳에서 아파트에 생기를 불어넣는 활동을 펼친다.

반포본동 아파트에서는 2012년부터 아파트 옥상에 텃밭을 가꾸기 시작했다. 주민들이 직접 씨를 뿌리고 기른 고추와 상추, 토마토를 아이들과 함께 수확한다. 어느새 텃밭은 주민들의 소통공간으로 변했다. 예쁜 꽃이나 나무만 무성한 이러한 아파트촌에 텃밭이 생긴 것이다.

우면2지구 3단지에서는 작은 도서관을 운영 중이다. 학부모와 어린이들이 함께 다양한 문화프로그램도 열고, 녹색장터나 어린이 벼룩시장도 연다. 이외에도 친환경 비누와 치약, 주방세제를 직접 만들어 쓰거나 콩나물 기계를 설치해 잘 기른 콩나물을 나누는 마을도 있다.

내 집 내 아이 챙기는 것도 버거운 아파트촌 사람들이 마을의 일에 관여하고 마을사람들과 어울리면서 재미를 느끼기 시작했다. 뭔가 배우고 싶은 것이 있으면 마음 맞는 사람들과 함께 강좌를 만들기도 한다. 서초구는 주민 10명 이상이 모여 마을공동체 강좌를 신청하면 전문 강사를 파견해주고 수강료를 전액 지원해준다.[2]

도봉구의 어느 아파트는 단지 지하공간에 이불빨래방을 마련해 혼자 살거나 거동이 불편한 어르신들의 빨래를 무료로 해준다. 옛날 마을의 빨래터가 마을사람들이 만나서 온갖 얘기를 나누던 소통의 공간이었듯이 이곳 빨래방도 그런 역할을 한다.

노원구 중계동 청구 3차아파트의 공동체 사업 실험: 독서실 운영과 음식쓰레기 자원화 사업

노원구 중계동의 청구 3차 아파트는 마을 주민들의 필요를 가장 잘 담아낸 활동으로 유명하다. 2008년에 입주자 대표로 선출된 변영수 씨는 철저하게 개인 이익 중심인 아파트 문화를 바꿔나가는 것을 첫 과제로 삼았다. 맨 처음 시작한 일이 독서실 프로젝트다. 이곳 주민의 75%가 초·중·고등학생 자녀를 둔 세대라는 점을 감안해 아이디어를 냈다. 주민들은 자녀들이 비싼 독서실을 다니기에 비용이 만만치 않고, 가까이에서 보지 못하니 공부는 잘 하고 있는지 답답했던 차에 독서실을 마련한다는 계획에 두 손 들고 반겼다. 독서실은 입주자대표실과 관리사무소를 합친 50평 규모에 7개 호실과 83석의 자리로 마련되었다. 학교선생님과 관리소장의 조력으로 첨단 독서실의 면모를 갖출 수 있었다. 이곳에서는 학생들이 독서실을 들고날 때 학부모에게 그 상황을 휴대폰 메시지로

〈그림 7-1〉 노원구 중계동 청구 3차아파트 옥상텃밭

자료: 서울시 마을공동체종합지원센터.

보낸다. 또한 가능하면 많은 시간을 공부할 수 있도록 독서실 운영 시간을 새벽 2시까지로 정했다. 보통 아파트 공간에 독서실 책상 만 구비해놓은 곳과는 비교가 되지 않았다. 독서실에 들어오려면 1년을 기다려야 할 정도로 인기가 높다.

독서실은 입주자대표회의와 부녀회, 학부모의 협력으로 마을의 중요 사업으로 운영되었고 이에 용기를 내 다른 사업까지 이어갈 수 있었다. 이를테면 주민자치회는 음식물쓰레기 퇴비화 사업과 옥상텃밭과 도시농업, 독서실과 도서관 운영, 관리 에너지 절감 사 업에 힘을 보탰다. 부녀회는 공동체 활성화 사업의 실질적인 주체

였다. 노인잔치, 녹색장터, 김장봉사, 불우이웃돕기 사업과 나눔봉사단이나 자율방범대 활동에도 주도적이고 적극적으로 참여했다. 유용미생물(EM) 활용 음식물쓰레기 자원화 사업은 마을기업으로 선정되었다. 이곳에서는 농촌 생산자와의 자매결연을 통해 고추, 옥수수, 감자, 귤을 직거래하고 앞으로 이러한 도농직거래를 더 확대하려고 한다.

공동체 활성화에 걸림돌이 되는 아파트 주민의 무관심과 이기심

이렇듯 주민의 다양한 활동이 이루어지지만 여전히 해결해야 할 과제가 많다. 노원구 중계동 청구 3차아파트 변영수 입주자 대표는 아파트공동체 사업에서 가장 어려운 점이 주민들의 무관심과 이기심이라고 말한다. 아파트라는 넓은 공간에서 살고 있는 수많은 주민을 공동체 사업에 모두 동참하게 하는 것은 무리다. 여전히 오래 머물 곳이 아니라는 생각으로 적극적으로 힘을 보태지 않거나 관심을 보이지 않는 주민이 대다수다. 주민의 이기심도 사업의 걸림돌이다. 공동체 활동은 별 무리가 없으나 아파트공동체 사업에서 주민의 동의를 이끌어내기가 쉽지 않다. 사업 운영이나 수익 등 여러 가지 면에서 반목과 갈등이 벌어지기 때문이다. 아파트공동제가 풀이야 할 괴제다.

이 과제를 해결하기 위해 변영수 대표는 반상회를 부활시킬 계획이다. 아파트에서는 대개 각 동의 엘리베이터 라인별로 반이 만들어져 있다. 주민 스스로 반장을 뽑고 회비도 걷는다. 하지만 반상회는 1년에 한두 번 열릴까 말까 한다. 집을 제공하고 손님을 맞이하는 것이 어렵게 느껴지기 때문이다. 하지만 주민 모임의 기초는 반상회다. 사는 곳의 문제 해결과 이웃과의 만남, 아파트 전체의 사업에 대한 정보와 관심을 나눌 수 있는 곳이다. 반상회는 이웃과 편하게 인사하고 만나는 데 의미가 있는 만큼 자신의 생활공간에서 이루어지는 것이 가장 좋다. 하지만 그것이 불편해서 반상회 자체가 열리지 않는다면 아파트 내 공공장소를 활용하는 것도 한 방법이다. 현재 경로당으로 운영되는 주민 쉼터나 주민센터 모임방이 그 역할을 하지만 좀 더 다양한 공간을 확보해 가까우면서 편하게 사람들이 모일 수 있는 곳을 찾을 필요가 있다. 아파트공동체의 기능이 커지면 이후 동사무소의 역할이 축소될 수 있다. 그렇다면 마을마다 설치되어 있는 동사무소를 주민의 생활문화센터로 전환할 수 있다. 현재처럼 부분적으로 공간을 빌려주는 형태가 아닌 아파트공동체가 직접 운영하는 생활문화공간으로 활용하는 것이다.

제도적으로 주민들의 참여율을 낮추는 요인도 있다. 대의기구에 세입자가 참여할 수 없게 한 제도다. 입주자대표회의를 구성할 때 세입자는 동 대표를 선출할 수 있으나 본인이 동별 대표가 될 수 없다.[3] 입주자대표회의는 아파트공동체의 대의기구로서 마을 주민이라면 누구나 아무런 제약 없이 회의에 참여할 권리가 있다. 하지만 이 제도는 집을 소유하지 않았다는 이유 하나로 살고 있는 마을에서 주인이 될 수 없다는 말이 되기도 해 마을 주민들의 무관심을 부추기는 요인이 된다. 아파트공동체가 풀어야 할 과제다. 아파트 주인과 세입자의 권리에 관한 새로운 규정이 필요하다.

아파트공동체와 달리 일반 주택이 모여 있는 마을공동체는 집의 소유 여부가 문제되지 않는다. 오히려 세입자의 참여가 더 높은 것으로 나타났다.[4] 자가 소유자든 세입자든 마을살이에서 필요로 하는 것이 무엇인가가 중요하기 때문이다. 특히 교육 인프라가 잘 갖춰진 곳에서는 오히려 세입자의 적극적인 참여가 이루어져 자녀들의 교육과 육아와 관련된 분야에서는 자가 소유나 임대냐의 구분이 무의미하다.

공동체 활성화에 필수인 주민 생활문화공간

아파트공동체 활성화에 주민들의 적극적인 참여만큼 중요한 것이 생활문화공간 활용이다. 생활문화공간을 통해 주민들의 참여와 적극적인 활동이 이루어진다. 현재 아파트단지 규모가 300세대 이상이면 주민공동시설을 의무적으로 설치하도록 되어 있다. 이를테면 놀이터, 경로당, 주민운동시설, 유치원 등이다. 하지만 아파트 주민들의 자유로운 생활문화공간은 범주에 들어 있지 않다. (사)유엔미래포럼 박영숙 대표는 '커뮤니티 공유공간법' 제정을 제안하면서 사회통합형 공유공간이 필요하다고 말한다.[5]

박영숙 대표는 "부모 모시는 공간, 아이들 키우는 공간으로 활용하면 사회복지비용을 1/3 정도 줄일 수 있다"라고 하면서 긍정적인 효과를 기대한다. 여기서 말하는 '커뮤니티 공유공간'은 아파트 한 층에 주민이 사용하는 커뮤니티 공간을 특별히 마련해 치매 어르신을 돌보는 데이케어 역할을 하거나 시간제 어린이 돌봄 역할을 하도록 하는 것이다. 나아가 주민의 자원봉사나 재능기부를 통해 마을사람들이 마을사람들을 돌볼 수 있도록 한다. 이것을 법으로 정해 아파트 개발 때 각 건물에 빈 공간을 5~10% 정도 의무적으로 확보하게 한다는 것이다. 이 공간의 소유는 정부나 지자체이고 관리와 활용을 아파트공동체가 맡는 방식으로 운영한다. 아파트 공유공간의 확보는 아파트공동체의 물리적 환경을 만드는 의미뿐 아니라 마을사람들의 참여와 공감을 이끌어내는 매개가 될 것이라는 점에서 긍정적인 검토가 필요하다.

아파트공동체가 마을공동체로

아파트공동체를 중심으로 아파트라는 마을을 형성해가는 목표는 다양하다. 아파트에서 '마을'을 다시 일궈내자는 사람들이 있는가 하면 살기 좋은 마을이라는 이름으로 물리적 환경을 가꾸는 데 중점을 두는 이들도 있다. 공동체운동 과정에서 나타나는 관점의 차이이기도 하다. '따로 또 같이'의 전형적인 생활방식을 갖는 아파트공동체 생활에서 '마을'을 만들어내기 위해서는 어떤 방향으로 가야 할까.

첫째, 이사 가지 않고 오랫동안 살 수 있는 곳이 되어야 한다. 아파트는 점점 더 도시 사람들의 주요 거주형태로 자리 잡을 것이다. 따라서 앞으로는 아파트가 이동과 생활이 편리한 곳으로만 인식되어서는 안 된다.

둘째, 공동생활의 장점을 일상생활 속에서 살려내야 한다. 폐쇄적인 주거공간이지만 현관문을 열면 바로 옆집의 현관문이 보이는 곳이다. 아주 가까이에 사는 세대별 이웃의 만남이 공동의 유대감을 만들어낼 것이다. 아이들끼리, 남자들끼리, 어르신들끼리의 끼리끼리 만남이 마을의 공동체의식을 키워가는 출발점이 될 수 있다. 또한 옥상이나 정원 복도 등 함께 사용하는 공간에서 마을사람들의 교류가 자연스럽게 이루어질 수 있다.

셋째, 경제공동체 역할을 해나갈 필요가 있다. 현재 여러 곳에서 마을공동체기업을 운영하거나 농촌 생산자와의 직거래로 저렴하고 신선한 농산물을 나누는 활동이 이루어진다. 이외에도 아파트 안에서 이루어지는 다양한 경제활동을 볼 수 있다. 마을사람들의 경제활동은 수익 여부와 상관없이 대단한 결집력을 보여준다는 것을 다른 사례에서 볼 수 있다. 경제활동은 아파트공동체에 활기와 생기를 불어넣는 계기가 될 수 있다. 이를테면 옥상텃밭에서 기른 먹을거리를 마을농부장터를 열어 판매하거나 정기적인 알뜰시장을 열어 재활용품을 서로 나누고, 어린이 책 교환 장터나 장난감 교환 장터라는 이름으로 특별 장터를 열 수 있다. 마을 주민들의 요리대회를 열어 그 요리로 벼룩식당도 열 수 있다. 이런 일들은 마을사람들의 활동과 사업의 경계가 무너지거나 넘나들면서 마을살이의 재미를 한층 더 느끼게 할 것이다.

아파트촌이 마을공동체로 변해가는 모습은 어색하고 더딜지도 모른다. 어쩌면 관이 등을 떠밀어서 억지로 나아가는 느낌도 들 것이다. 시작이 어떠했든 아파트촌이 바뀌기 시작했다. 수많은 사람이 모여 사는 마을의 특성상 의견도 다르고 가치관도 다를 수 있다. 모든 주민이 한마음이 되어 아파트공동체를 이끌어가는 것이 어려울 수 있지만 아파트 사람들이 자신의 마을 이름처럼 마을을 꾸려나가는 것을 원하고 실제로 동참하고 있다.

아파트공동체 활성화 계획이 실행된 지 얼마 되지 않아 성과를 논하기에는 아직 이른 시기이지만 아파트가 살맛나는 마을로 거듭 나기 위해 무엇을 하면 좋을지에 관해 생각할 계기가 되었고 활동 거리를 주었다는 점은 서울시 정책의 공이라 할 수 있다. 마을을 만드는 것은 마을에서 사는 사람들의 몫이다. 그곳에서 생활하는 사람들이 그 마을과 마을사람들을 가장 잘 알기 때문이다. 하지만 마을사람들이 해야 하고 할 수 있는 일이 있고, 정책적으로 서울시 가 해야 할 일이 있다. 이를테면 공동주택 관리에 관한 여러 제도 적 장치를 마을사람들이 편하게 자신의 마을공동체 사업에 참여하 고 가꾸나갈 수 있게 바꿔야 한다. 세입자 문제나 공유공간 활용 문제, 지자체 지원 문제 등의 문제도 민과 관이 적절하게 자신의 역할을 해낼 때 아파트공동체는 사람들의 마을로 변하고 생기, 온 기, 활기를 되찾을 것이다.

시 정책이 시작된 지 얼마 되지 않은 시점에서 서울시가 자칫 뭔 가 눈에 보이는 성과를 위해 마을사람들의 움직임을 기다리지 않 고 다그치지 않을지, 마을에서는 매년 서울시의 시상에 맞춰 마을 사업을 기획하고 실행하느라 몇몇 사람만의 사업으로 끝나지는 않 을지, 매년 행사 맞춤형 사업이 만들어져 일회성으로 끝나지는 않 을지 등의 여러 가지 우려도 있다. 또한 아파트공동체가 기형적인 모습으로 바뀌어가지는 않을지 우려하는 사람도 많다.

아파트공동체를 연구해온 김기호 교수는 그 우려를 해소하기 위해서는 "마을공동체 사업의 중심에 사람이 있어야 하고, 마을사람들을 자발적으로 참여하게 하고 방향을 잘 잡아나갈 마을 리더가 필요하다"라고 말한다.[6]

8

/

서울시 마을공동체 사업이 구상하는 미래 서울

도시에서 사는 사람들에게 자신이 살고 있는 곳에서 얼마나 오랫동안 살고 싶은지 물어보면 대개 언젠가는 다른 곳으로 갈 것이라고 말한다. 실제로 '2012 서울 서베이 도시정책지표조사' 결과에 따르면 서울에 살고 있는 10가구 중 3가구가 5년 내에 다른 곳으로 이사할 계획이라고 답했다. 그 전해 조사결과보다 1.4%가 늘어났다. 사는 곳을 옮기는 이유는 다양했지만 좀 더 넓은 집으로 옮기기 위해서가 가장 많았고(17.9%), 교통이나 생활편의, 자녀교육, 내 집 마련, 재개발 순으로 나타났다.[1]

도시 사람들은 떠돌이 생활에 지쳐 있다. 낯선 곳에서 적응하는 데도 3년 정도 걸리는데, 그때 즈음에 다시 그곳을 떠나는 생활을 반복한다. 이동이 잦은 사람들에게 가장 안타까운 것은 이웃이 없

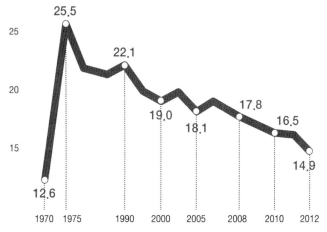

〈그림 8-1〉 통계청이 발표한 2012년 국내 인구이동률

단위: %

*인구 100명 당 이동자 수

자료: ≪연합뉴스≫, 2013년 1월 28일자.

다는 것이다. 아이들에게 남는 것은 친구가 없는 단편적인 삶의 추억뿐이다. 그래서 사람들은 오랫동안 머물며 오랫동안 익숙한 사람들과 더불어 살아가고 싶어 한다.

"평생 이곳에서 좋은 사람들과 함께 늙어갈 수 있어 정말 행복해요."

삼각산재미난마을의 어느 주민이 이곳 마을의 한 사람으로 살아가는 것을 축복이라고 생각한다며 이렇게 말했다.

사람들에게 마을은 낯선 사람이 없이 친척처럼 익숙하고, 아이들이 늦게 돌아와도 걱정하지 않아도 되고, 내가 힘들 때 도와줄 사람이 가까이에 있고, 누구를 만나든 내 이야기를 들어주고, 하고 싶은 말을 편하게 할 수 있고, 축하할 일이 있을 때 잔칫상을 함께 차리고, 궂은 일이 생기면 함께 슬퍼하고, 취미가 같은 사람들이 모여 동아리를 만들고, 마을사람들을 모아놓고 장기자랑을 하며 마을 잔치를 벌이는 곳이다.

　　서울이라는 도시에서 도시답지 않은 도시살이를 할 수 있는 곳이 마을이다. 이것이 서울시 마을공동체 사업이 달성하고자 하는 목표다.

마을사람들이 만들어 이끌고 서울시가 돕는 마을공동체 사업

　　서울시의 '마을 만들기 사업'은 2000년대 초반 북촌 한옥마을 만들기에서 시작되었다. 아파트라는 획일적인 생활공간이 들어서면서 서울의 본래 모습은 어떤지, 사람들이 떠나지 않고 정붙이며 살아가는 서울은 어떠해야 하는지가 서울시 정책입안자들의 최대 고민거리였다. 우선 재개발과 재건축으로 사회적 갈등이 일어나고 서울의 옛 모습이 점차 사라지는 점에 문제의식을 갖고 역사도시로서 서울의 본모습을 찾는 것에서부터 시작한 것이 한옥마을을 살리는 일이었다. 이후 민관협력으로 마을의 특성을 살려 공동체성을 회복하는 방향으로 마을 만들기가 확산되었다. 하지만 "마을 공동체에 대한 이해와 전략 부재로 주민의 자발적이고 지속적인 참여를 유도하는 데 한계"를 보였다.[2]

2011년 이후 서울시는 마을공동체 회복을 중요한 시 정책으로 정하고, 주민이 참여하는 마을공동체 사업에 한 발짝 발을 들여놓기 시작했다. 2012년 3월 15일 '마을공동체 지원조례' 제정을 통해 마을공동체 사업의 법적 기반을 마련하고, 같은 해 9월 11일에 서울시 마을공동체종합지원센터를 열어 본격적으로 마을사람 중심의 마을공동체 사업을 추진하기 시작했다.

서울시의 마을공동체 사업 5개년 계획을 보면 2017년까지 5년간 975개의 마을계획 수립을 돕고, 마을활동가 3,180명을 양성할 예정이다. 1,080개의 아파트공동체 활성화 사업과 718개 공공시설 유휴공간을 개방해 '10분 거리 커뮤니티 공간'을 조성할 예정이다. 한 해 한 해 사업의 규모는 커지고 지원비용도 늘어난다.

마을공동체의 도시 서울은 박원순 시장의 오래된 바람이었다. 시민사회운동가이자 소셜디자이너로 활동하던 박 시장은 그의 글과 강연에서 마을공동체에 대한 관심을 보였고, 직접 찾아가 꼼꼼히 살펴본 우리나라와 외국의 마을 사례들을 자신의 블로그와 책에 소개하기도 했다. 마을공동체 사업에는 박 시장이 오랫동안 관심을 보였던 마을에 대한 생각이 담겨 있다.

서울시의 정책 추진 과정에서 뼈저리게 느낀 것처럼 마을공동체는 마을사람들이 나서지 않으면 지속적으로 추진되기 어렵다. 그런 점에서 마을사람들과 마을에서 생활운동을 해온 단체의 참여가 무엇보다 중요하다.

이미 서울시의 마을공동체 사업 정책 이전부터 곳곳에서 마을을 기반으로 한 공동체운동이 이루어져왔다. 생협 중심의 생활문화 · 생활자치 활동을 비롯해 공동육아와 돌봄 활동 등 마을사람들의 자발적인 공동체 활동이 이곳저곳에서 일어났다. 이들 활동은 형편이 좋으면 좋은 대로, 어려우면 서로 품이나 비용을 보태면서 꾸준히 이어왔다. 이들에게 서울시의 잘 짜인 프로그램과 지원 계획이 어떻게 받아들여질지가 서울시 입장에서 중요한 고려 사항이었다.

서울시의 정책에 관해 지역 마을공동체 활동그룹은 대체로 긍정적이었다. 서울시가 마을공동체 사업을 진행하기에 앞서 진행한 지역사회단체 대상 의식조사에서 응답 단체의 90.2%가 참여할 의향이 있다고 답했다.[3]

적극적인 참여의사를 보인 이유는 마을공동체 희망 사업 분야 조사에서 잘 나타난다. 이들 단체들이 마을공동체 사업으로 가장

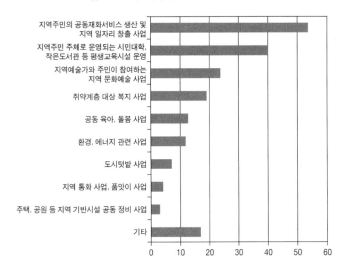

〈그림 8 2〉 마을공동체 희망 사업 분야 순위

추진하고 싶은 사업은 지역주민의 공동재화서비스 생산 및 지역일 자리 창출 사업과 같은 사회적경제 사업체 설립과 운영이다. 그 다음은 지역주민이 운영하는 평생교육시설 운영과 지역문화예술 사업이다. 이들 사업은 규모가 크고 비용이 드는 분야라 서울시의 지원이라는 밑거름이 필요했다.

의식조사에 답한 단체는 서울시의 마을공동체 사업에 대한 기대만큼 어려움도 예상한다. 그동안 활동해오면서 겪은 어려움과 크게 다르지 않다. 우선 단체의 상근활동가 수가 부족한 점을 가장 큰 어려움으로 꼽았다. 행정주도형 공모 사업에 대한 부작용도 예상한다. 그 외에도 민관 거버넌스 사업이라 행정과의 소통을 어찌해야 할지와, 사업을 추진하는 데 지식과 노하우가 부족하다는 점도 어려운 점으로 나타났다.

마을공동체 사업에서 마을사람과 마을공동체운동 그룹이 중심이 되어야 하는데도 이러한 어려움 때문에 이를 해결해야 하는 숙제가 있다. 이것이 중간 지원 조직인 서울시 마을공동체종합지원센터가 필요한 이유였다. 민과 관의 소통을 돕고, 마을사람들이 자발적으로 사업을 펼칠 수 있게 가까이에서 돕는 역할이다.

마을공동체 그룹이 서울시 마을공동체종합지원센터에 거는 기대는 컸다. 가장 필요로 하는 것은 사업에 필요한 재정 지원이었다. 그 다음으로 마을공동체 사업별로 전문상담사나 교육, 기술이 필요하다고 했고, 주민들에게 단체활동에 관한 홍보도 해줄 것을 요청했다.

2012년 9월 11일 서울시와 시민의 중간 위치에서 마을공동체 사업을 돕는 '서울시 마을공동체종합지원센터'가 문을 열었다. 마을활동가로 구성된 (사)마을이 위탁 운영하는 중간 지원 조직이다. 시민들이 직접 기획하고 실행하는 마을공동체 사업의 진행을 돕는 역할을 한다.

서울시는 정책 방향을 정하고 실제 사업은 중간 지원 조직인 서울시 마을공동체종합지원센터를 통해 추신한다. 마을사람들이 원하는 사업을 직접 골라 언제든지 신청할 수 있고, 상담이 필요하면 상담원이 직접 찾아가며, 마을공동체와 관련해 강좌가 필요하면 강사가 마을 주민을 직접 찾아간다. 이처럼 서울시는 철저하게 마을사람들 스스로 마을살이를 꾸려가도록 옆에서 뒤에서 밀어주는 역할을 했다.

2013년 9월 11일은 서울시 마을공동체종합지원센터가 문을 연지 1년이 되는 날이었고, 마을공동체 사업도 1년이 지났다. 마을 곳곳에서 마을사람들이 직접 운영하는 기업이 만들어지고, 청소년 문화공간과 도서관이 세워졌고, 같은 목적을 가진 사람들이 모여 다양한 공동체를 만들어 마을생활의 활력을 불어넣었다. 마을사람들이 똘똘 뭉쳐 에너지 절약 실천운동을 하고, 에너지 자립마을을 만들기도 했다. 삭막한 아파트단지에 텃밭이 만들어지고 벼룩장터가 열리고 이곳저곳에서 모임이 생겨났다.

이러한 움직임이 활발해지면서 사람들이 마을과 공동체, 마을 공동체라는 말을 익숙하게 받아들이기 시작했고, 마을살이, 마을 활동가, 마을도서관, 마을카페, 마을식당, 마을극장과 같이 마을과 연관된 신조어들이 자연스럽게 나오기 시작했다.

서울시 마을공동체 사업

서울시가 주관하는 방식에서 벗어나 시민들이 사업계획을 수립해 추진하는 시민 주도 거버넌스 사업이다. 서울시에서는 마을공동체 사업을 담당하는 부서로 마을 공동체담당관이 있으며, (사)마을이 위탁 운영하는 중간 지원 조직인 서울시 마을 공동체종합지원센터가 있어 마을공동체 사업 신청과 교육, 컨설팅 등 마을공동체 사업과 관련된 지원을 한다. 마을공동체 사업의 의결기구로는 마을공동체위원회 가 있다. 이는 서울시의 마을공동체 사업과 관련한 실·국장과 민간 전문가들이 같은 수로 구성되어 있다.

마을공동체 사업은 일정한 기간과 범위가 정해져 있는 공모방식이 아니라 언제든 마을사람들이 중심이 되어 계획한 사업을 제안하고, 그 사업을 잘 할 수 있도록 서 울시 마을공동체종합지원센터가 지원하는 방식으로 운영된다. 시민 3명 이상이 면 누구나 마을공동체 사업을 제안할 수 있다.

지원할 사업 분야는 16개로 정해져 있다. 자녀교육이나 육아문제 해결을 위한 부 모커뮤니티와 공동육아, 아파트마을공동체, 다문화마을공동체, 상가마을공동체, 한옥마을공동체, 마을사람들의 모임 활성화를 위한 마을북카페와 청소년휴카페, 마을미디어, 마을의 필요를 경제적으로 해결하는 협동조합방식의 마을기업, 에너 지 자립마을, 안전마을 사업이 있다. 이 사업 외에 마을공동체 활동과 관련한 주 민 제안 사업과 우리 마을 프로젝트가 있으며 찾아가는 교육으로 수준별 맞춤교 육을 실시하는 마을공동체 교육 사업이 있다.

관이 주도하는 '시민 주도 사업'과 마을공동체의 미래

하나의 마을이 만들어지기까지 얼마나 긴 시간이 필요할까. 누 구는 1년이면 충분하다고 하고, 마을살이를 오래 한 사람은 10년 이 족히 걸린다고 한다.

마을은 어떻게 만들어질까. 누구는 마을에 사는 사람이 살아가 면서 만들어가는 것이라고 하고, 정부의 정책이 꼭 필요하다고 말하는 이도 있다.

마을은 행정구역의 의미로 구분 짓기에는 사람 냄새가 많이 난다. 따라서 요즈음의 마을에는 지리적·물리적 구역 나눔이 없어졌고, 마을이라는 말 안에 '동네'와 '지역'의 의미까지 포함되었다.

이러한 마을은 사람들이 몸과 마음을 온전히 내려놓고 오랫동안 이웃과 살고 싶은 곳으로 하나둘 곳곳에 만들어지고 있다. 세 명이 모이기도 하고, 다섯 명, 혹은 열 명이 모여서 다양한 공동체를 만들고 그 안에서 배우고 놀고 일한다. 이런 공동체가 모여 살맛나는 마을 하나가 만들어진다. 이런 마을을 서울시가 직접 나서서 만들어보겠다는 계획으로 사업을 시작한 것이다.

2012년에 시작한 마을공동체 사업은 그리 길지 않은 시간이지만 서울 시민의 관심을 끌었다. 우선 1970년대 이후 지역을 파헤치고 수리하고 페인트칠 하던 개발형 마을 만들기가 아닌 마을사람들이 중심이 되어 사람의 온기를 느끼며 오래도록 살고 싶은 마을을 만드는 방식의 사람 냄새 나는 마을 만들기라는 점에서 신선하게 다가왔다. 특히 거버넌스 실험이라는 측면에서 주목을 받았다.

최순옥 서울시 마을공동체위원회 위원은 마을공동체 사업 1년을 평가하는 자리에서 "공동체운동을 하는 몇몇 사람에서 일반 시민에게까지 마을공동체의 관심이 확대된 점과 생각이 비슷한 다양한 주민이 모일 수 있는 계기가 만들어졌다는 점이 성과다. 각기 살아가던 서울 사람들에게 마을 공동의 관심사와 공동의 과제가 생겼다"라며 어색했던 '마을'이라는 말이 사람들의 삶 가까이에 들어왔다는 점에서 공이 크다고 말한다.[4]

유창복 서울시 마을공동체종합지원센터장은 1년간의 마을공동체 사업으로 서울시 마을지원을 위한 법제도가 완비된 점과 민간 네트워크 구성, 민관 거버넌스 토대가 만들어진 점을 중요한 성과로 꼽는다.[5] 특히 마을공동체 지원조례 제정과 서울시 마을 담당관 설치와 자치구별 마을팀 구성은 마을공동체 사업이 순조롭게 출발하는 데 중요한 역할을 했다. 특히 중간 지원 조직인 서울시 마을공동체종합지원센터를 설립해 마을사업 활동가로 구성된 민간단체가 위탁운영하게 함으로써 철저하게 마을사람들이 중심이 되어 마을공동체 사업을 이끌어가도록 한 점은 마을공동체 사업 현장에 있는 사람들이 공통으로 말하는 성과다.

이러한 성과가 있었는데도 마을공동체 사업을 추진하고 참여한 사람들은 아직 쉽게 성과를 입에 올리지 않는다.

마을활동을 오래 해온 사람들은 마을은 마을사람이 아닌 다른 사람들이 만들겠다고 해서 만들어지는 것이 아니라고 고개를 흔든다. 그것도 1년 안에, 아니 3년, 길게는 5년 안에 수치로 성과를 내는, 물리적 지표가 있는 활동이 아니라는 것이다.

그것을 누구보다도 잘 아는 박원순 시장은 마을공동체 사업을 시작할 때 김낙준 서울시 마을공동체 담당관 과장에게 "무리하지 말고, 끌고 나가거나 주도하려고 하지 마라"라고 말했다고 한다. [6]

사람들은 마을공동체 사업을 시민이 주도하는 관 주도형 사업으로 이해한다. 어찌되었든 서울시의 정책방향에서 마을공동체 사업 계획이 나왔고, 5개년 성과지표도 만들어졌다. 중간 지원 조직인 '서울시 마을공동체종합지원센터'도 민간이 위탁 운영하지만 서울시의 정책방향대로 움직인다.

그래도 마을사람들은 바빠졌다. 계기야 어떻든 마을공동체를 만드는 일에 마을사람들이 나서기 시작했다. 수많은 공동체가 만들어지고 그들이 중심이 되어 마을을 만들어간다. 지금까지 해온 것에 속도가 붙고 내용도 다져졌다. 서울시의 다방면의 지원이 있었기 때문이다.

관이 주도하되 관이 주도하지 않는 정책은 이런 모습으로 나타났다. 일괄 공모방식이 아니라 마을사람들이 언제든지 수시로 신청할 수 있으며 사업계획서가 부실하면 지원센터에서 도움을 줘 가능하면 꼭 해낼 수 있도록 안내한다. 경제적 지원 절차도 간소화해 필요한 곳에 적절하게 사용할 수 있도록 배려했다. 마을공동체 사업의 시작과 진행, 마무리는 중간 지원 조직인 지원센터에서 담당한다.

이러한 제도적 장치가 있다 하더라도 민관이 함께하는 마을공동체 사업에 우려를 나타내는 사람도 있다.

우려의 내용은 이렇다. 민과 관이 대등하게 협력해 추진하는 거버넌스 사업이지만 시소의 균형이 깨질 수 있다는 점이다. 돈을 대는 쪽이 강자가 되어 방향을 틀어쥐고 갈 수 있다는 말이다. 민간 위탁 사업이 주체적으로 일을 해나가도록 독립성을 인정해주기보다 공무원의 일을 돕는 보조적인 역할로 여겨질 수 있다는 염려다. 성과주의 폐해도 우려되는 점이다. 사람이 중심이 되고 사람들이 살아가는 생활터전이 사업의 거점이 되는 일이라 성과지표를 수치로 나타내기에 어려운 부분이 있다. 몇 개의 마을을 만들고, 몇 명의 활동가를 배출하고 몇 개의 사업을 만들어내는 식의 수치는 사업의 구체적인 목표를 가졌을 때 사업이 더욱 활발하게 진척될 수 있는 면이 있지만 마을공동체 사업에 관해서는 예의 평가 기준을 도입할 수 없다는 의견이 있다. 유창복 센터장은 2013년 7월 16일 있었던 '마을공동체 1년'을 회고하는 시민토론회에서 "결과 중심적인 평가, 양적 성과 중심의 평가지표를 극복하지 않으면 마을공동체 사업은 실보다 과가 많아질 것이다"라고 하면서 가장 마을스러운 평가지표를 개발하고 적용해야 한다고 말했다. 그가 말하는 가장 마을스러운 평가지표는 "과정 중심 평가, 사람 성장 평가, 질적 평가 지표"이다. 성미산마을을 10여 년간 꾸려온 오래된 마을활동가답게 그는 평가의 중심에 '사람과 사람들과 함께한 과정'이 있어야 한다고 말한다.

이외에도 마을공동체 사업이라는 이름은 붙이지만 그에 걸맞은 사업인지 아닌지 안팎으로 혼란이 있다는 점과, 자발적으로 형성된 마을이 모델로 제시되면서도 실제로 마을공동체 사업이 경쟁방식의 선정과 성과 위주의 평가로 이루어지는 모순된 모양새가 존재한다는 점, 마을공동체 사업에 대한 시민의 인식이 부족한 상황에서 서울시의 지원 사업이 활발한 활동을 해온 공동체에 편중될 수 있다는 우려도 있다.[7]

마을공동체 사업은 서울시의 정책이 시행되기 전부터 곳곳에서 행해졌고, 마을공동체는 서울시의 지원 없이도 스스로 활발하게 사업을 벌이고 있다. 이에 서울시가 마을공동체 사업의 촉진제 역할을 하는 셈이다.

서울시의 물질적 지원에 눈이 어두워 서둘러 사업계획서를 만들어 사업을 꾸리려는 사람들도 있다. 관련 단체가 먼저 나서서 선점하는 사례도 있고, 정보 입수가 빨라 발 빠르게 잇속을 챙기는 사람들도 있다. 하지만 마을공동체는 그렇게 만들어지지 않는다는 것을 오랫동안 사람들과 함께 일궈온 마을공동체 사례에서 잘 알 수 있다.

서울시의 마을공동체 사업이 비록 관이 나서서 길을 만들어주고 걸어가다 힘들면 먹을거리와 물을 나눠주는 역할을 하지만 길을 나선 사람들이 그들의 길을 잘 찾아가고 그 안에서 안내자를 구해 목적지에 안착하도록 하는 것이 기본 방향이고 원칙이다. 그런 점에서 마을공동체 사람들은 서울시의 마을공동체 사업이 1년, 아니 5년, 나아가 10년 넘게 마을공동체의 길을 터주는 역할을 계속하기를 희망한다.

9

/

외국의 공동체도시

우리나라에서 공동체라는 말이 일반화된 지는 그리 오래 되지 않았다. 종교단체, 농촌지역의 생산자 그룹, 일반 사회에서 멀리 떨어진 폐쇄적 공동체 등 사람들이 생각하는 공동체의 상은 여러 가지다.

공동체라는 말이 조금 무겁게 느껴진다면 좀 더 가벼운 의미로 커뮤니티라는 말을 생각할 수 있다. 특히 일본이나 미국과 유럽에서는 커뮤니티를 공동체라는 말 대신 사용한다.

외국의 공동체는 우리나라와는 다른 역사적 배경을 가지고 생겨났다. 사람들이 선택하는 이유도 다양하고, 그 형태도 나라마다 다르다.

독일 뉘르팅겐 대학 도시건축과 명예교수인 볼프강 에버츠

(Wolfgang Eberts)는 "다양한 형태의 공동체는 거주자들이 스스로 지속가능한 삶을 디자인하고 싶은 욕구를 불러일으켰으며 공동체 구성원 전체의 의식 수준을 높였다. 공동체가 현대 사회의 병폐를 고치는 데 기여하고 있다"라고 공동체 예찬론을 폈다.[1] 독일에는 170곳의 거주자 중심의 자발적 공동체와 생태공동체가 있으며 유럽에는 2,000개 정도가 있다. 독일에서는 19세기부터 자연 속 유토피아를 찾는 사람들의 생태공동체가 생겨나기 시작했고, 1980년대에는 더욱 확대되었다. 하지만 그 이후 환경이나 주택 문제, 노인 복지, 식품 안전, 육아 등 다양한 목적으로 공동체가 만들어지고 운영되었다.

공동체가 가치 있는 삶의 대안인가 하는 물음에 외국의 공동체와 사람들은 어떤 대답을 할지 다양한 사례를 통해 살펴본다.

노년층의 자기 주도적 삶을 찾는 노인공동체: 시니어 코하우징과 노인자치공동체

"나이 들어도 주위에 함께 살아갈 사람들이 있어서 행복하다."

공동체에 참여하는 어느 40대 여성이 말한 공동체 예찬이다. 아이들 교육을 함께 해결하고자 공동체를 만든 사람들은 아이들이

〈그림 9-1〉 공동체 참여와 치매 발생 긴 싱관관게

(단위: %)

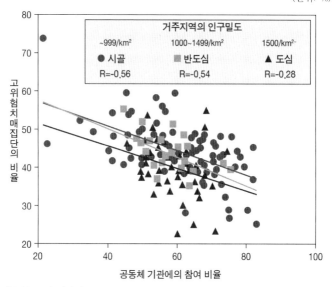

자료: 콘도 교수 강연 자료.

커가면서 자신의 중년·노년 공동체를 꿈꾼다. 저출산과 고령화라는 사회 문제를 떠나서 누구에게나 나이가 들어서도 사회적 역할을 계속 이어가고 싶은 욕심이 있다. 돌봄의 대상이 아닌 자신의 삶을 주도적으로 찾아가는 노인이기를 바란다. 생활터전에서 다른 사람들과 함께 노년의 문화를 즐기고 싶어 한다.

일본복지대학 콘도 카츠노리(近藤克則) 교수는 "취미활동을 하는 노인환자일수록 치매와 같은 고위험군 질병에 걸릴 가능성이 적다"라고 말한다.[2] 콘도 교수는 75세 노인 3만여 명을 대상으로 실시한 조사에서 "정치, 산업, 자원봉사, 종교, 스포츠, 취미, 이웃 등과 관련된 공동체에 참여할수록 치매 고위험 집단으로 확산될 가능성이 낮다"라고 하면서 노인 공동체가 필수불가결하다고 주장한다(〈그림 9-1〉 참조).

우리나라에는 노인 공동체의 형태는 보이지 않는다. 굳이 찾자면 마을공동체 안에 노인을 위한 다목적 활용공간을 마련해 노년층의 사회활동을 독려하는 프로그램을 운영하거나 다양한 문화생활이 이루어지도록 하는 예가 있다. 의령군은 '독거노인 공동거주제 운영지원조례'를 만들어 공동거주시설에서 노인들이 함께 지내면서 텃밭을 일구고 소일거리를 찾아 편안하고 안전한 노후생활을 하도록 지원한다. 전북 김제시는 독거노인들이 마을회관과 경로당에 모여 숙식을 함께할 수 있는 그룹홈 사업을 2006년부터 시행중이다. 성북구 정릉1동은 세대통합형 어울림 공간으로 커뮤니티센터를 마련해 노인의 여가 프로그램을 진행하거나 이야기를 나눌수 있는 전용 경로당과 건강을 돌보거나 운동을 할 수 있는 기구를 구비한 건강실, 주민복합문화공간과 주민사랑방을 설치해 어린이부터 젊은 사람, 나아가 노인까지 함께 아우르는 공간을 마련했다.

세대통합형 공동체는 마을공동체가 지향하는 모습이다. 아이들

코하우징(co-housing)

1964년 덴마크 건축가인 앤 굿맨 파이어(Jan Gudmand Høyer)가 창안한 것으로 사생활이 존중되면서 공동시설을 이용해 가사와 육아를 함께 해결하는 주거형태다. 1970년에 처음으로 코하우징 공동주택이 등장하면서 확산되었다.

주민이 직접 디자인과 설계에 참여하고, 전체 구성원이 관리하는 시스템을 갖는다. 개인 삶의 공간뿐 아니라 이와 잘 연결된 공동시설이나 공간을 함께 디자인하는 것이 일반주택과 다른 점이다.

이 자라 장년이 되고 노년이 될 때까지 공동체를 잘 운영해야 한다는 의지이기도 하고, 세대를 함께 아우를 때만이 진정한 마을공동체가 된다는 의미다.

노인공동체라 하면 으레 노인요양원이나 의료시설을 갖춘 노인아파트 정도로 생각한다. 하지만 외국에서는 새로운 개념의 노인공동체가 만들어지거나 노인들이 직접 나서서 사회 활동을 개척하는 사례를 볼 수 있다.

시니어 코하우징(senior co-housing)은 미국을 비롯해 유럽에서 자립능력이 있는 노인들에게 인기 있는 공동체다. 협동거주공동체로 개인생활 영역과 공동 활동 영역을 결합한 주거공동체다.

시니어 코하우징은 노인이 중심이 되어 만들고 운영한다는 점이 특징이라고 할 수 있다. 최초의 시니어 코하우징은 1987년 만들어진 덴마크 코펜하겐의 '미드고즈그룹펜(Midgardsgruppen)'이다. 이후 많은 사람이 관심을 가지면서 여러 나라에 확산되었다. 덴마크는 물론이고 스웨덴, 핀란드, 네덜란드, 미국, 일본에까지 퍼졌다. 대표적인 사례는 핀란드의 '로푸키리(Loppukiri)', 미국의 '도일 스트리트 코하우징(Doyle Street Cohousing)', '사우스사이드 파크 코하우징(Southside Park Cohousing)', '글레이시어서클(Glacier Circle)' 이 있다.

핀란드 헬싱키에 있는 '로푸키리'는 세계적으로 잘 알려진 시니어 코하우징이다. 헬싱키 외곽의 한 아파트 단지로 평균나이 70세 가량의 노인 58가구 69명이 거주한다(2012년 통계).[3]

2006년에 설립한 노인공동체로 노인들이 직접 아파트를 설계하고 인테리어 디자인, 공동생활규칙까지 정했다. 2000년에 은퇴한 지 얼마 되지 않은 10여 명의 할머니들이 "노인 요양시설에 가지 말고 노인공동체를 만들자"라고 결의하면서 시니어 코하우징 설립이 추진되었다.

핀란드의 노인복지정책은 은퇴세대의 삶을 안정적으로 뒷받침하는 데 지원을 아끼지 않는다. 핀란드의 노인복지에서 중점을 두는 것은 '노인들이 스스로 건강한 삶을 영위할 수 있는 기회를 계속해서 제공하는 데'에 있다. 1998년부터 노인 일자리 재교육과 취업 프로그램을 진행했고, 2003년 노인 취업률이 유럽연합 5.1%보다 높은 13%를 기록했다.

국가의 정책과 노인들의 의지가 맞물려 로푸키리가 탄생했다.

분양 당시 60~80대 노인들이 줄지어 신청할 징도로 인기가 높았다. 살기 편하고 무엇보다 입주금이 시가보다 저렴했다.

로푸키리 주택은 1층과 꼭대기의 공용공간과, 2~6층의 개인주거 영역 58채로 구성되어 있다. 식사, 청소, 빨래, 건물 관리, 생활에 필요한 모든 것을 노인끼리 협동해서 해결한다. 매주 월~금 오후 5시, 하루에 한 번, 공동식당에 모여 다함께 저녁식사를 한다. 6개 조로 나눠 순번제로 밥을 짓는다. 다른 일거리도 순번제로 돌아가며 한다.

노인들의 동아리 활동도 활발한데, 문학반 · 연극반 · 합창단 · 요가클럽 등 15개의 동아리를 운영 중이다.

미국에는 2006년에 설립된 캘리포니아 주 데이비스 시의 '글레이시어서클'이 있다. 60~80세 노인 40여 명이 함께 거주하는 곳으로 물리치료사 · 교사 · 교수 · 과학자 등 다양한 직업 출신의 주민이 서로 도움을 주고받으며 살아간다. 이곳의 공간 디자인은 요양 기능을 잘 갖추었다. 화장실을 휠체어를 사용해 이용할 수 있게 하고, 2층은 계단에 전동의자를 설치하는 등 거동이 불편한 노인들을 배려했다.

시니어 코하우징은 자립능력이 있는 노인들의 새로운 주거형태로, 돌봄을 받는 것이 아니라 노인 스스로 돌보는 자치 운영을 목적으로 하는 데 의미가 있다. 은퇴로 인한 사회적 역할을 다른 영역에서 다시 이어간다는 의미가 있으며, 이웃 간의 유대가 가장 필요한 노인들에게 적합한 주거방식으로 알려져 있다.

협동주거방식은 아니지만 노인 자치 공동체 형태인 필리핀의 노인 서비스 연합 코세(Coalition of Service of the Elderly: COSE)가 있다. 마닐라 지역에서 만들어진 것으로 현재 45개 조직과 4,000명의 노인을 돕는 활동을 한다. 노인이 직접 홈케어 사업이나 마사지숍, 약국 등을 운영하며 장례비용을 적립하는 등 노후의 과제를 스스로 해결하는 공동체다.

일찍이 마을 만들기 운동을 해온 일본은 마을공동체 안에서 노인들의 사회적 역할을 찾는 사업을 해왔다. 나가노 현 이다 시의 '히사카타후도샤(ひさかた風土舍)'는 시청에서 퇴직한 사람들이 설립한 마을 만들기 단체다. 집단의 미래를 생각하고 수공예품을 만들어보자는 생각으로 설립되었다. 이들은 와인이나 전통술을 만들고, 수공예 스웨터를 짜는 활동을 한다. 마을축제를 열고 어린이들에게 생활문화를 전승하고, 여름방학에는 우리나라의 서당 격인 '데라코야(寺子屋)' 체험교실을 연다. 이와 유사한 나가노 현의 '오가와노쇼(小川の庄)'는 신슈의 향토음식 '오야키(おやき)'를 만드는 곳이다.

나가노 현은 일본에서 70세 이상 고령자 취업률이 1위인 곳으로, 1인당 고령자의 의료비와 복지비가 일본에서 가장 적다. 옛 지

역공동체문화가 남아 있어 그 영향으로 노인들의 공동체적 활동이 왕성하다.[4]

10명의 젊은이가 1명의 노인을 부양하던 시절은 가고, 이제 4명의 젊은이가 1명의 노인을 부양하는 시대가 되었다. 그만큼 고령화시대를 안고 가야 하는 부담이 커졌다. 정부의 복지기금으로 이 문제를 해결하기에는 어쩌면 한계에 이를지도 모른다. 그런 면에서 유럽 스칸디나비아 반도 지역의 시니어 코하우징이나 노인자치 공동체는 눈여겨볼 필요가 있다. 거창하게 유럽의 사례를 들지 않더라도 마을공동체 안에서 노인의 사회적 역할을 찾고, 경제적 존재로 살아갈 수 있는 방법을 찾는 것이 필요하며, 세대가 함께 아우르며 살아갈 수 있는 문화를 만들어가는 것도 필요하다. 마을공동체 안에 노인들의 놀이방 기능이 강한 경로당이 아닌 모든 세대가 함께 어울릴 수 있는 사랑방을 마련해 이웃 모두가 돌봄 활동가인 마을을 만들어야 한다. 이것이 세대통합형 마을공동체의 모습이다.

기존 은행과 합작으로 개설한 호주의 '벤디고 커뮤니티 은행'

기존 은행과 손잡고 마을의 공동체은행을 만들어 마을공동체를 다시 살려낸 사례가 있다. 호주의 벤디고 커뮤니티 은행(Bendigo Community Bank)이다.[5]

1998년에서 2000년까지 호주 전역에서 2,050개 은행 지점이 사라졌다. 마을 규모가 작은 소도시나 농촌은 은행을 가려고 다른 마을까지 오랜 시간 걸려 다녀와야 했다. 마을사람들이 은행 일을 보러가면서 장도 보고 병원도 가다 보니 마을 안의 경제활동이 위축되기 시작했다. 이를 더 지켜볼 수 없었던 빅토리아 주 로파읍(Rupanyup)과 민입(Minyip) 마을공동체는 마을에서 은행서비스를 다시 가동할 수 있도록 벤디고 은행을 설득했다. 벤디고 은행은 농촌과 작은 규모 도시의 중견 은행이었다. 마침 새로운 사업을 확장할 기회를 찾던 은행은 마을공동체의 제의를 받아들여 공동체은행을 개설했다. 은행은 마을공동체에 금융회사를 설립하고, 약 9억 8,000만 원의 출자금을 준비할 것을 제안했다. 공동체는 250명의 출자자를 모아 출자금을 마련했다. 벤디고 은행은 은행 업무 라이선스와 상품, 직원 훈련을 담당하는 것으로 하고, 그 비용으로 수익금의 50%를 요구했다. 일종의 위탁업무였다. 나머지 수익금은 20%는 출자자 배당으로 80%는 공동체 활동을 지원하는 비용으로 사용하기로 했다.

공동체은행의 설립으로 마을경제가 살아났고, 공동체의 재정 기반이 만들어지고 수익금 지원으로 공동체 활동이 활성화되었다.

벤디고 커뮤니티 은행은 마을공동체가 전적으로 참여해 만들고 운영하는 은행과 달리 기존 은행과 공동체의 파트너십 관계로 맺어진 새로운 형태의 공동체은행이다. 기존 은행은 단순한 사회 공헌 사업이 아닌 기업 사업의 한 방식으로 이를 받아들였고 이를 통해 지역공동체에 기여했으며, 공동체는 그들이 소유하고 운영하는 그들만의 은행을 소유한 것이다. 무엇보다 안정적인 재정 기반이 만들어져 마을공동체가 지속적으로 성장하고 활동을 펼쳐나가는 데 여유가 생겼다.

공동체와 기업, 자산이 결합한 영국의 마을 만들기: 코인 스트리트 커뮤니티 기업

마을 주민이 중심이 되어 마을을 바꿔나가는 것은 어느 나라나 마을 만들기의 핵심이다. 마을사람들의 단순한 공동체조직인가, 아니면 기업 형태의 마을공동체 사업으로 추진하는 커뮤니티 비즈니스 방식인가의 차이가 있다.

영국에는 '사회적기업'의 형태로 자산을 만들고 사업을 통해 수익을 내 마을 만들기를 하는 사례가 있다. 대표적으로 코인 스트리트 커뮤니티 기업(Coin Street Community Bulders: CSCB)이 있다.

런던 사우스뱅크(South Bank) 지역의 코인 스트리트(Coin Street) 는 템스 강변 남단에 자리한 곳으로 일찍이 화물 수송의 거점이면 서 공장이 밀집한 산업 지역이었다. 하지만 공업 생산이 위축되고 지역경제가 침체에 빠지면서 지역주민의 삶도 어려움을 겪게 되었 다. 이런 상황에서 런던의 도심인 사우스뱅크의 지리적 장점과 템 스 강을 끼고 있는 매력적인 경관에 부동산 개발업자들이 눈독을 들였고, 런던 시청이 일방적으로 이 지역에 상업용 재개발을 선언 했다.

1977년 코인 스트리트 주민들은 런던 시의 재개발 반대운동을 시작했다. 상업지구로 재개발되면 이곳에서 오랫동안 살아온 사 람들은 치솟는 부동산 가격 때문에 삶의 터전에서 내쫓길 수 있는 상황이 벌어진다는 것을 잘 알고 있었다. 주민들은 코인 스트리트 액션그룹을 결성해 본격적으로 재개발 반대운동을 펼쳤다.[6]

7년간의 재개발 반대운동을 이끌어온 결과 런던 시와 재개발업 자들은 주민의 요구를 받아들였고 이에 런던 시는 주민들에게 원 하는 재개발 계획과 세부 실행방안을 제출하라고 요청했다. 주민 들이 제출한 계획은 7년간 싸워오면서 희망했던 주민들의 소망이 담겨 있었다. 즉, 주민들의 경제적 여건에 맞는 주택과 레저시설, 녹지공원, 복지시설과 약간의 상업지구를 만드는 안이었다.

런던 시가 주민들의 계획안을 받아들였고, 주민들은 이를 실제

· 멀베리(Mulberry) 주택협동조합(1988년 설립)
· 팜(Palm)주택 협동조합(1994년 설립)
· 레드우드(Redwood)주택협동조합(1995년 설립)
· 이로코(Iroko)주택협동조합(2001년 설립)

사업으로 꾸려가기 위해 코인 스트리트 커뮤니티 기업을 설립했다. 사회적기업인 코인 스트리트 커뮤니티 기업은 철저하게 주민들을 중심에 두었고, 주민들이 살며 일하는 터전을 세운다는 목표에 충실했다. 그 원칙은 조직 구성과 운영에서 잘 드러난다. 코인 스트리트 커뮤니티 기업에 참여하려면 반드시 해당 지역에 거주해야 한다. 이사진들도 구성원들이 직접 선출하는 방식이다. 단, 커뮤니티 내 주택 설계와 건설 관리에 필요한 전문지식을 갖춘 사람의 경우 지역주민은 아니어도 된다는 예외를 적용했다.

코인 스트리트 커뮤니티 기업은 4개의 주택협동조합과 임대 사업, 주차장 사업, 커뮤니티 프로젝트 컨설팅 사업과 비영리 커뮤니티 활동을 진행했다. 영리 사업을 통해 벌어들인 수익은 커뮤니티 활동에 재투자되었다. 코인 스트리트 커뮤니티 기업은 주택협동조합과 임대사업으로 유명하다. 코인 스트리트 커뮤니티 기업은 2차주택협동조합(Coin Street Secondary Housing Co-operative: CSS)을 만들어 임대주택을 건설하고, 그 임대주택을 시장가격의 1/5 수준

의 집세로 저소득층에게 임대했다. 임대주택 입주자들은 주택협동조합을 만들어 주택을 관리하고 운영했다.[7]

주택협동조합 설립 외에 생활의 편의성을 위한 갤러리나 식당, 카페를 만들고, 템스 강변의 보행로 조성 사업을 시행했으며, 스포츠시설을 설립하고 여러 가지 문화행사를 열었다.

2007년에는 코인 스트리트 이웃센터(Coin Street Neighbourhood Centre)를 열어 다양한 커뮤니티 프로그램과 육아시설을 제공하고 수익 사업으로 회의와 컨퍼런스 장소 임대업을 했다.

코인 스트리트 커뮤니티 기업은 영리 중심의 상업지역 개발에도 투자를 아끼지 않았는데, 대표적인 것으로 옥소 타워(Oxo Tower)가 있다. 이곳은 발전소로 지어졌다 방치된 건물로 1990년대 코인 스트리트 커뮤니티 기업이 2,000만 파운드라는 거금을 들여 구조 변경을 했다. 1층과 2층에는 디자이너의 공방, 카페, 레스토랑, 갤러리가 있고, 3~7층에는 임대주택이, 꼭대기 8층에는 전망대와 최고급 레스토랑이 입주했다. 각 층이 과연 주민들의 필요에 맞게 구성되었는지에 관해 논란의 여지가 있었지만 여기서 나온 수익은 커뮤니티 사업에 투자되고, 코인 스트리트 커뮤니티 기업의 재정 기반이 되었다.

철저하게 경제적인 개념과 사업 마인드로 지역 개발을 선언한 코인 스트리트 커뮤니티 기업은 여러 커뮤니티 조직을 만들어내면서 사업영역을 확장해왔다. 물론 그 과정에서 지역주민들의 참여와 필요를 해결하는 것이 원칙이다. 코인 스트리트 커뮤니티 기업이 순탄하게 성장하고, 지역 개발을 통해 지역 공동체를 살려낼 수 있었던 것은 모든 주요 결정 과정과 사업 운영에 주민이 있었기 때문이다.

10

이런 공동체에서 살고 싶다

『혼자 살면 무슨 재민겨』라는 전우익 선생의 책 제목이 떠오른다. 공동체는 옆 사람, 앞사람, 뒷사람과 더불어 살고 싶다는 희망에서 출발한다.

최근에 혼자 사는 젊은이들이 늘어났다. 생필품 시장이 발 빠르게 1인가구를 대상으로 한 상품을 내놓는 것을 보면 앞으로 그 숫자가 계속 늘어날 것으로 보인다. 주로 제 밥벌이를 하는 사람들로 자신의 미래를 위해 자산 설계도 꼼꼼히 하고 미래의 할 일까지 예상해 여러 가지 재능을 배우고 쌓아간다. 돈이 있어야 미래가 어둡지 않다는 생각에서다.

이와 다른 생각을 가진 젊은이들도 있다. 결혼 적령기에 이른 30대 전후 젊은이들이 한집에 모여 살거나 이웃하며 생활하는 예도 있다. 생활비를 나눠 내고 밥을 함께 해먹는다. 따로 또 같은 생활이다. 이들은 그들의 생활을 공동체라고 말한다.

독실한 신앙인이나 특별한 철학을 가진 사람들의 문화로만 여겨졌던 공동체가 생활의 필요를 해결하는 도구로 인식되기 시작했다. 마음을 함께 나누고, 취미를 함께하고, 특별한 일을 위해 손을 맞잡고, 한곳에서 같이 살고, 혼자가 아닌 다른 사람과 함께하는 것이 사람들에게 자연스럽게 다가가기 시작했다.

그러나 현대사회의 폐해를 해결할 대안으로 보이는 공동체가 과연 행복한 서울살이의 대안인지, 진정한 공동체가 무엇인지 질문하는 사람들이 있다. 말하자면 현대사회에서 전통적 공동체의 생활방식은 지극히 부분적으로 남아 있으며, 현실적이고 실용적인 생활문화로 바뀐 도시에서 공동체란 또 하나의 현실적이고 실용적인 대안일 뿐이라는 것이다. 끼리끼리 모이는 동호회 성격의 공동체는 사회적 상호작용이 없는 폐쇄적인 집단이라는 것이다. 이에 관해서는 오랫동안 작은 공동체들이 하나둘 모여 마을공동체를 만들어간 사례에서 답을 찾을 수 있을 것이다.

공동체는 참여한 사람만이 만족하는 그들만의 세계일 수 있다. 하지만 그 사람들은 그 공동체를 통해 사람을 만났고, 생활의 즐거움을 찾았고, 미래의 희망을 만들 수 있었다. 비록 개인생활에서 나아가 공동체 활동을 함으로써 의무감이나 피로감, 불편함을 호소하는 예도 있지만 자신의 삶에 대한 만족도는 대단히 높다.

물론 공동체 생활에서는 공동체적 결속을 위해 개인의 자율성이 제약을 받거나 통제될 수 있다. 공동체의 이기주의적 폐쇄성이 개인의 자유와 충돌할 수 있다. 공동체의 딜레마다. 이런 의미에서 강대기 선생은 "오늘날 공동체는 자연적으로 출현하는 것이 아니라 의도적으로 추구되는 것"이라고 말한다.[1]

어느 농촌마을을 찾아갔을 때 마을 초입의 정자에 마을 할머니와 아주머니들 대여섯 명이 모여 점심을 함께 먹는 모습을 보았다. 큰 양은냄비에 열무김치와 밥을 넣고 고추장을 떠 넣어 섞은 열무김치비빔밥이었다. 와자지껄한 수다 소리와 양은냄비에 숟가락 부딪치는 소리가 뒤섞여 누가 그 옆을 지나가도 모를 정도로 밥 먹는 일에 푹 빠져 있었다. 개울가에 모여 놀던 아이들도 뛰어와 양은냄비 옆에 껴든다. 어른이 먹여주지 않아도 숟가락을 집어 들고 서너 숟가락 입에 넣는다. 매운 듯 혀를 날름거리면서도 입가에 뻘건 고추장을 묻혀가며 맛있게 먹는다.

농촌이니 가능한 일일까. 농촌에서는 설날에는 마을사람들이 마을회관에 모여 떡국을 함께 끓여 먹는다. 상을 치우면 그 자리에서 할아버지와 아저씨들의 윷놀이 판이 벌어진다. 설거지를 말끔히 끝낸 아낙들은 노소 구분 없이 모여앉아 땅바닥을 두드리고 웃음을 터뜨리며 수다에 빠져든다.

이린아이와 어른에 이르기까지 모든 세대가 어우러져 살아가는 모습을 농촌에서만 볼 수 있는 걸까.

도시 사람들도 그렇게 살고 싶어 한다. 아침 잠 없는 할아버지, 할머니가 아침 일찍 아이들 학교 가는 길의 교통지도 해주고, 학교에서 돌아오면 마을회관에 모여 할아버지로부터 한자나 장기, 바둑을 배우고, 할머니로부터 바느질이나 옷 만드는 것을 배운다. 세대 구분 없이 이웃 사람들과 밥을 함께 해먹고, 잔치를 함께 열고, 아이들 이야기와 식구들 이야기, 직장 이야기를 하며 수다를 나누고 싶어 한다. 마을카페에 모여 시원한 캔 맥주를 마시며 가족과 이웃이 함께 영화를 보고 싶어 한다. 직장에서 돌아온 마을 아저씨들이 마을 초등학교 운동장에서 신나게 축구를 하고 싶어 한다. 이것이 마을공동체의 모습이 아닐까.

쉬운 듯 어려운 일이다. 누구나 하고 싶지만 선뜻 하기 어렵다. 그러나 누군가는 그렇게 살고 있으며 행복한 공동체도시의 삶을 누리고 있다.

필요하면 시작하면 된다. 모여 앉아 이 이야기 저 이야기 나누다가 시작할 수 있다. 공동체의 중심에는 사람이 있다. 사람이 만들어가는 것이다.

1장 도시 사람들에게 공동체란

1 리처드 세넷, 『투게더』, 김병화 옮김(현암사, 2013). 세넷은 뉴욕대학교와 영국 정경대학교 사회학과 교수로 노동 및 도시화연구의 최고 권위자다. 그는 이 책에서 사람이 어떻게 협력하고 대화하는지 탐구한다.

2 강대기, 『현대사회에서 공동체는 가능한가』(아카넷, 2001), 23~28쪽.

3 같은 책, 42~49쪽.

4 같은 책, 26쪽.

5 마이클 샌들, 『정의란 무엇인가』, 이창신 옮김(김영사, 2010).

6 정규호, 「한국 도시공동체운동의 전개과정과 협력형 모델의 의미」, ≪정신문화연구≫, 제35권 제2호(2012), 7~33쪽.

2장 가까운 이웃의 생활협동공동체

1 모심과살림연구소, 『지역살림운동 길잡이』(2011).

2 2013년 한살림 마을모임워크숍 마을모임 참여자들의 의견 중에서.

0징 마을이 일터 · 배움터 · 놀이터인 마을공동체

1 서울시 주최 '마을공동체 학술세미나' 조한혜정 교수의 강연 중(2012년 4월 30일).

2 같은 글.

3 같은 글.

5장 문화예술공동체

1 라도삼, 「마을문화활동의 실태와 활성화 방안」, ≪SDI 정책리포트≫, 제 126호(2012).

6장 에너지 자립마을공동체

1 "환경수도 창원을 리모델링하자: 해외 환경도시 프라이부르크", ≪경남신 문≫(2013년 5월14일자).

7장 평화로운 아파트공동체 찾기

1 "서울 시민의 주거특성 조사", 「2010년 1/4분기 서울지역 소비자 및 기업 체 감경기 전망」.

2 박상학 기자 리포트, 〈HCN 뉴스와이드〉(현대 HCN 서초방송, 2013년 6월 1일).

3 서울특별시 공동주택관리규약 준칙 10조.

4 「성미산마을 조사연구 보고서」[(사)사람과마을, 2012].

5 ≪이데일리≫(2012년 10월 2일자) 인터뷰.

6 한국마을만들기연구회, 『우리, 마을만들기』(나무도시, 2012), 302~303쪽.

8장 서울시 마을공동체 사업이 구상하는 미래의 서울

1 서울시가 2012년 10월 한 달간 서울시내 2만 가구(15세 이상 4만 9,758명)와 거주 외국인 2,500명, 사업체 5,500개를 대상으로 방문 면접을 통해 조사한 결과. '서울서베이 도시정책지표조사'는 매년 실시되며, 서울 시민의 생활실태와 거주형태를 살펴볼 수 있는 통계다.

2 서울연구원, 「서울특별시 마을공동체 기본 계획」(서울특별시, 2012), 3쪽.

3 서울시가 2012년 3월 9일부터 3월 31일까지 진행한 '지역시민단체 마을공동체 사업 의식조사' 결과. 의식조사 관련 자료는 「서울특별시 마을공동체 기본 계획」, 207~237쪽에 실려 있다.

4 최순옥, 「마을공동체 사업 1년 성과와 발전방향」, 『마을공동체1년, 시민토론회 자료집』(2013).

5 유창복, 「서울시 마을만들기 사업과 거버넌스의 과제」, 『마을공동체1년, 시민토론회 자료집』(2013).

6 김낙준 과장 인터뷰, ≪오마이뉴스≫(2012년 9월 12일자).

7 2013년 7월 16일에 열린 '마을공동체1년 시민토론회'에서 박현찬 서울연구원 선임연구위원이 발제한 내용 중.

1 ≪세계일보≫(2013년 8월 15일자).

2 2013년 8월 29일 경기 고양시 킨텍스에서 열린 '2013 액티브에이징코리아 국제심포지움'에서 "액티브에이징 공동체 형성"이라는 주제로 강연한 내용 중에서.

3 로푸키리에 관한 내용은 ≪삼성생명 은퇴저널≫, 5월호(2012)에 실린 글을 참고했다.

4 호소우치 노부타카 엮음, 『우리 모두 주인공인 커뮤니티비즈니스』, 정정일 옮김(이매진, 2006).

5 희망제작소 사회혁신센터가 2012년 10월 19일부터 28일까지 진행한 사회 혁신로드 오세아니아 프로그램 일환으로 벤디고 커뮤니티 은행을 방문한 방문기에서 참고[≪사회적경제이야기≫(희망제작소, 2012년 12월 6일자)].

6 "런던의 중심에서 커뮤니티를 외치다: 코인 스트리트", ≪사회적경제이야기≫ (희망제작소, 2012년 6월 21일자).

7 김정원, "영국 코인 스트리트", 『세계의 다양한 마을살이』(서울시 마을공동 체종합지원센터, 2013).

10장 이런 공동체에서 살고 싶다

1 강대기, 『현대사회에서 공동체는 가능한가』, 285쪽.

참고문헌

강대기. 2001. 『현대사회에서 공동체는 가능한가』. 아카넷.

김기호 외. 2012. 『우리, 마을만들기』. 나무도시.

김낙준. 2012. 9. 12. "박원순 이후에도 계속되는 마을 만드는 게 관건". ≪오마이뉴스≫.

김대근 외. 2012, 『서울, 마을을 품다』. 서울특별시.

김상훈. 2012. 『빅 스몰(The Big Small)』. 자음과모음.

김우창 외. 2000. 『21세기의 환경과 도시』. 민음사.

김은희 · 김경민. 2010. 『그들이 허문 것이 담장뿐이었을까』. 한울.

김재현. 2012. "마을공동체기업의 활성화를 위한 서울시 정책방향에 대한 제언". ≪서울경제≫.

니시카와 요시아키 · 이사 아쓰시 · 마쓰오 다다스 엮음. 2006. 『시민이 참가하는 마치즈쿠리(사례 편)』, 진영환 · 진영효 · 정윤희 옮김. 한울아카데미.

라도삼. 2012. 「마을문화활동의 실태와 활성화 방안」. 서울연구원 SDI 정책리포트, 제126호.

리처드 세넷. 2013. 『투게더』. 김병화 옮김. 현암사.

린 C. 랭카스터 · 데이비드 스틸먼. 2012. 『밀레니얼 제너레이션』. 양유신 옮김. 더숲.

마쓰노 히로시 · 모리 이와오. 2010. 『커뮤니티를 위한 마을만들기 개론』. 장준

호 김신직 옮김. 형설출판사.

마쓰오 다다스 · 니시카와 요시아키 · 이사 아쓰시. 2006.『시민이 참가하는 마
치즈쿠리(전략 편)』. 진영환 · 진영효 · 정윤희 옮김. 한울아카데미.

마이클 헬러. 2009.『소유의 역습 그리드락』. 윤미나 옮김. 웅진지식하우스.

박용남. 2002.『꿈의 도시 꾸리찌바』. 녹색평론사.

박철수. 2006.『아파트의 문화사』. 살림.

박현찬. 2012.『서울시 마을공동체 기본계획(안)』. 마을공동체 시민토론회 자
료집.

_____. 2013.『마을공동체 사업, 성과와 비판, 그리고 발전과제』. 마을공동체1년
시민토론회 자료집.

박희석 · 곽지원. 2012.「작지만 강한 힘, 서울시 마을공동체기업」.≪서울경제≫,
5월호.

변미리. 2011.「사회통합을 위한 지역공동체 역량강화」.≪서울연구원 SDI정책
리포트≫, 제103호.

(사)사람과마을. 2012.「2012년 성미산마을 조사연구 보고서」.

살림이야기 편집부. 2012a.「서울 삼각산 재미난 마을」.≪살림이야기≫, 2012
년 가을 18호.

_____. 2012b.「서울 장수마을」.≪살림이야기≫. 2012년 가을 18호.

서울시 마을공동체종합지원센터. 2013a.『서울시 마을공동체 사업안내』. 서울
특별시.

_____. 2013b.『서울시 마을공동체 사업 활용설명서』. 서울특별시.

_____. 2013c.『세계의 다양한 마을살이』.

서울연구원. 2012a.「서울특별시 마을공동체 기본계획」. 서울특별시.

_____. 2012b. 「마을공동체와 주민자치 관계에 대한 전문가 의견조사」.

_____. 2012c. 「마을문화활동에 대한 시민인식 조사」.

신명호 · 서종균 · 이근행 · 이호 · 홍인옥. 2000. 「도시공동체운동의 현황과 전
망」. 한국도시연구소.

신원철. 2013. 「마을사업 예산지원과 주민 자생력 제고」. 『마을공동체1년 시민
토론회 자료집』.

알퐁스 링기스. 2013. 『아무것도 공유하지 않은 자들의 공동체』. 김성균 옮김.
바다출판사.

야마모토 마사유키. 2006. 『도시와 농촌이 공생하는 마을만들기』. 충남발전연
구원 옮김. 한울아카데미.

엔도 야스히로. 1997. 『이런 마을에서 살고 싶다』. 김찬호 옮김. 황금가지.

와다 다카시. 2008. 『소통과 나눔 그리고 새로운 마을』. 손주희 옮김. 아르케.

와타나베 순이치. 2004. 『시민들이 참여하는 마을만들기』. 이건호 옮김. 목원대
출판사.

유럽생태공동체탐방단. 2001. 『미래의 씨앗을 심는 사람들』. 생태공동체연구
모임.

유창복. 2013. 「서울시 마을만들기 사업과 거버넌스의 과제」. 『마을공동체1년
시민토론회 자료집』.

윤웅태. 2013. 「도시공동체와 도시공동체운동」. 대연우암워크샵 발표.

이사 아쓰시 · 마쓰오 다다스 · 니시카와 요시아키. 2007. 『시민이 참가하는 마
치즈쿠리(커뮤니티 비즈니스 편)』. 한울아카데미.

이종수. 2008. 『한국사회와 공동체』. 다산출판사.

이주원. 2012. 「서울시 마을만들기 성급한 결과를 경계하라」. ≪살림이야기≫,

2012년 가을 10호.

이호. 2012. 「마을에는 마을사람들이 산다」. ≪살림이야기≫, 2012년 가을 18호.

정규호. 2012a. 「시민사회 마을공동체 운동의 발전방향」. 제26회 대도시행정세미나 발표.

_____. 2012b. 「한국 도시공동체운동의 전개과정과 협력형 모델의 의미」. ≪정신문화연구≫, 제35권 제2호, 7~33쪽.

정기석. 2011. 『마을을 먹여살리는 마을기업』. 이매진.

정지훈. 2012. 『무엇이 세상을 바꿀 것인가』. 교보문고.

제레미 리프킨. 2012. 『3차 산업혁명』. 안진환 옮김. 민음사.

제리 맨더 · 에드워드 골드스미스 편저. 2001. 『위대한 전환, 다시 세계화에서 지역화로』. 윤길순 · 김승욱 옮김. 동아일보사.

조한혜정. 2006. 「후기 근대적 위기와 '돌봄 국가'적 패러다임 전환을 위한 시론」. ≪사회과학논집≫, 37권 1호. 연세대사회과학연구소.

_____. 2012. 「후기 근대적 마을이란 무엇이며, 우리는 왜 그것에 주목하는가」. 마을공동체 학술세미나.

최병두. 2000. 「공동체 이론의 전개과정과 도시 공동체운동」. ≪도시연구≫, 제6호. 한국도시연구소.

최순옥. 2013. 「마을공동체 사업 1년 성과와 발전방향」. 『마을공동체1년 시민토론회 자료집』.

크리스 앤더슨. 2009. 『프리(FREE)』. 정준희 옮김. 랜덤 하우스.

_____. 2013. 『메이커스(MAKERS)』. 윤태경 옮김. 알에이치코리아.

한국불교환경교육원 편집부. 1997. 『자연과 인간이 더불어 사는 공동체를 찾아서』.

피터 로벤하임. 2012.『나의 도움이 오는 곳』. 한세정 옮김. 21세기북스.

허권. 2002.「세계의 공동체들」.≪참여불교≫, 창간 준비호.

호소우치 노부타카 엮음. 2006.『우리 모두 주인공인 커뮤니티비즈니스』. 정정
　　일 옮김. 이매진.

似田貝香門. 1994.『都市社會とコミュニティの社會學』. 放送教育振興會.

山崎 亮(やまざき りょう). 2011.『コザマニー・デザイン』. 学芸出版社.

山崎丈夫. 2003.『地域コミュニティ論-地域住民自治組織とNPO, 行政の協働』.
　　自治體研究士.

지은이 **우미숙**

이화여자대학교 인문과학대학 사학과를 졸업하고 ≪주간노동자신문≫에서 자료실장과 취재부기자로 활동했다. 지구환경 관련 도서 전문 출판사인 '도서출판 푸른산'에서 편집차장으로 있으면서 다수의 환경 관련 책을 편집, 발간했다. 출판·기획·편집 관련 프리랜서로 일하면서 한살림서울 홍보위원회에 참여해 ≪한살림서울소식지≫를 만들었고, 한살림성남용인 홍보위원장 겸 이사로 활동하면서 조합원 소식지인 ≪좁쌀세알≫의 편집 책임을 맡았다. 현재 한살림성남용인 이사장으로 활동하고 있으며, 도서출판 한살림에서 발간하는 ≪살림이야기≫ 편집위원으로 참여한다.

주요 저서로는 환경오염과 먹을거리의 선택을 다룬 『이것만은 알고 먹자』와 이탈리아 볼로냐의 협동조합을 소개하는 탐방여행기 『협동조합 도시, 볼로냐를 가다』(공저)가 있다.

한울아카데미 1662
서울연구원 미래서울 연구총서 09

공동체도시
ⓒ 서울연구원, 2014

기획 • 서울연구원(원장 이창현)
편집위원회 • 장영희, 유창주, 이창우, 조권중, 백선혜
지은이 • 우미숙
펴낸이 • 김종수
펴낸곳 • 도서출판 한울

책임편집 • 염정원
편집 • 신유미

초판 1쇄 인쇄 • 2014년 2월 3일
초판 1쇄 발행 • 2014년 2월 17일

주소 • 413-756 경기도 파주시 광인사길 153 한울시소빌딩 3층
전화 • 031-955-0655
팩스 • 031-955-0656
홈페이지 • www.hanulbooks.co.kr
등록번호 • 제406-2003-000051호

Printed in Korea.
ISBN 978-89-460-5662-6 93330

* 책값은 겉표지에 표시되어 있습니다.